생성형 AI와 인간 예술가

AI문고

인공지능 시대입니다. 기계가 인간의 인지를 대신하고, 사물이 인간을 통하지 않고 다른 사물과 직접 커뮤니케이션합니다. 이에 따른 인간 삶과 문명 변화를 정확히 이해·예측·대응하는 것은 이 시대 우리 모두의 과제입니다. AI문고는 인공지능 기술과 환경의 여러 주제를 10가지 키워드로 정리합니다. 관련 개념과 이론, 학계와 산업계의 쟁점, 우리 일상의 변화를 다룹니다. 인간과 기술의 현재, 미래를 세심히 분석합니다.

일러두기

- 인명, 작품명, 저서명, 개념어 등은 한글과 함께 괄호 안에 해당 국가의 원어를 병기했습니다.
- 외래어 표기는 현행 어문규정의 외래어표기법을 따랐습니다.

처음이세요?

전문가세요?

생성형 AI와 인간 예술가

서은선

대한민국, 서울, 커뮤니케이션북스, 2025

생성형 AI와 인간 예술가

지은이 서은선
펴낸이 박영률

초판 1쇄 펴낸날 2025년 9월 1일

커뮤니케이션북스(주)
출판 등록 2007년 8월 17일 제313-2007-000166호
02880 서울시 성북구 성북로 5-11
전화(02) 7474 001, 팩스(02) 736 5047
commbooks@commbooks.com
www.commbooks.com

ISBN 979-11-430-0686-8 03500

책값은 뒤표지에 표시되어 있습니다.

차례

왜 AI를 예술에 끌어들였는가

기술의 역사가 그러했듯, 예술은 언제나 새로운 도구를 받아들이며 스스로의 경계를 허물어 왔다. 동굴벽화의 안료부터 카메라의 렌즈에 이르기까지, 기술은 예술가에게 새로운 표현의 언어를 선사했다.

21세기의 생성형 인공지능(Generative AI) 역시 이러한 역사의 연장선에 있다(Goodfellow et al., 2014). 그렇다면 예술가들은 왜 이 낯선 기술을 창작의 영역으로 적극적으로 끌어들이고 있는가? 그 이유는 크게 세 가지로 요약할 수 있다. 바로 창작 가능성의 확장, 표현 과정의 효율성 증대, 그리고 새로운 미학적 패러다임의 탐색이다.

예술가는 AI가 생성한 초기 결과물에서 만족스러운 부분은 유지하고 아쉬운 부분은 수정하도록 피드백을 주며 작업을 반복적으로 발전시킨다. 특정 이미지의 구도, 색감, 분위기 등을 더 정교하게 다듬도록 지시하거나, 전혀 다른 두 개의 결과물을 창의적으로 융합하도록 유도할 수도 있다. 이처럼 예술가는 AI가 제안하는 무한한 가능성 속에서 자신의 미적 안목과 철학을 기반으로 최적의 결과물을 선택하고, 개입하고, 재해석하는 주체적 역할을 수행한다.

결국 AI와의 협업은 예술가의 창의적 노동을 대체하는 것이 아니라, 오히려 그 노동의 성격을 바꾸고 있다. 과거에는 기술적 숙련에 많은 시간을 쏟아야 했다면, 이제는 명확한 비전을 설정하고, AI와 효과적으로 소통하며, 그 결과물을 비평적으로 판단하는 '큐레이팅(Curating)' 능력이 더욱 중요해진 것이다(Bommasani et al., 2021). 이 과정을 통해 탄생한 작품은 예술가 혼자서도, AI 혼자서도 만들 수 없는, 진정한 협업의 산물이라 할 수 있다.

AI를 '사용하는 것'과 '협업하는 것'은 명백히 다른 개념이다. 창작자가 단순히 도구로서 AI를 부리면서 결과물만 취하는 것이 아니라, AI를 팀메이트처럼 함께 창작하는 태도가 필요하다. 실제 창작 현장에서는 예술가가 AI에게 아이디어 스케치를 제공하면 AI는 이 스케치에 맞는 수많은 레퍼런스를 제공하고 예술가는 이를 다시 인간 고유의 감각으로 재해석하는 형태의 상호작용이 일어난다. 이러한 과정을 통해 인간이라는 주체와 AI라는 매개체 사이에 융합이 발생하는 순간, 우리는 전통적인 의미의 예술과는 또 다른 차원의 심미적 경험을 맞이하게 된다. 본서는 이를 단순한 기술적 혁신으로 보지 않고 예술적 주체성과 윤리적 이슈가 교차하는 복합적 현상으로 보고, 독자들이 AI 예술의 근본적 함의를 이해하도록 안내하고자 한다.

본서의 구성과 미래 예술의 방향

이 책은 모두 10개의 장으로 구성되어 있으며, 생성형 AI와 예술가들이 함께 창작하는 과정을 들여다보고, 이러한 새로운 만남이 예술의 의미와 가치에 가져온 변화들을 다양한 측면에서 담아냈다.

1장부터 3장까지는 책의 기초를 다지는 부분으로, AI 예술의 역사적 흐름을 짚어본다. 1장에서는 기계 학습과 딥러닝을 활용한 예술이 어떻게 발전해 왔는지, 초기 컴퓨터 아트부터 오늘날의 생성형 AI 도구까지의 여정을 살펴본다. 이는 독자가 AI 예술의 뿌리를 이해하고, 지금의 변화를 더 넓은 맥락에서 바라볼 수 있게 돕는 출발점이 된다. 2장에서는 예술 철학과 인지과학의 눈으로 인간만의 창작 능력이 무엇인지, 그리고 이것이 알고리즘과 만날 때 어떤 새로운 창의적 가능성이 형성되는지 살펴본다. 여기서는 'AI를 통한 창의성'이 단순히 인간 아이디어를 기계가 도와주는 것인지, 아니면 인간과 기계의 새로운 협업 방식인지에 대한 다양한 관점을 소개한다.

3장에서 7장까지는 현재 AI 예술의 실제 모습을 다룬다. 3장에서는 생성형 AI의 작동 원리를 알기 쉽게 설명한다. 이미지 · 언어 · 영상 생성 AI가 어떻게 작동하는지, 예술가들이 실제로 쓸 수 있는 도구와 방법을 실제 사례를 통해 보여 준다. 달리(DALL · E), 미드저니(Midjourney), 챗GPT(ChatGPT), 소라(Sora) 등과 같은 AI 도구가 예술 작업에 어떻게 영감을 주는지 소개한다. 4장과 5장에서는 국내외 예술가들의 AI 협업 프로젝트를 이야기하고, 회화, 조각, 설치미술부터 공연, 음악, 문학까지 다양한 분야에서 AI가 창작 과정을 어떻게 바꾸고 있는지, 그리고 작가들이 어떻게 새로운 예술 형식을 개척하고 있는지 구체적인 사례로 보여 준다.

6장과 7장에서는 AI 예술이 가져온 여러 쟁점을 짚어본다. 저작권 문제, 알고리즘 편향성, 데이터 출처의 투명성 같은 법적, 윤리적 문제들이 예술계와 사회에 어떤 영향을 미치는지 살핀다. 또한 AI가 예술 시장, 미술관, 교육 현장에 가져온 변화도 함께 다룬다.

8장과 9장에서는 디지털 시대 예술의 관계성 변화를 탐구한다. 작가-작품-관객의 경계가 흐려지고, 관객이 창작에 참여하거나 AI가 예술가의 동반자가 되는 새로운 현상을 분석한다. 이런 변화 속에서 예술가의 정체성, 작품의 의미, 관객의 해석 권한이 어떻게 달라지는지, 예술 현장의 다양한 측면을 살펴본다.

9장에서는 필자의 직접 경험을 바탕으로, 생성형 AI를 활용한 예술 프로젝트의 과정을 단계별로 소개하여, 독자들이 직접 AI를 예술 작업에 활용할 수 있는 실질적인 길잡이를 제공한다.

마지막 10장에서는 인간과 AI의 앞으로의 여정을 그려 본다. AI가 계속 발전하면서 예술이 맞게 될 큰 변화와 새로운 기회, 그리고 이에 대응하기 위한 다양한 학문적 접근의 필요성을 강조한다.

기술과 예술은 서로 다른 영역이 아니다. 이 둘은 늘 서로에게 영향을 주고 함께 발전해 왔다. 생성형 AI의 등장은 이런 공동 발전의 새로운 장을 열고 있다. 우리에게 필요한 것은 기술에 대한 두려움도, 맹목적 믿음도 아닌, 함께 창조적 가능성을 탐구할 수 있는 지혜와 용기다. 이 책이 그 여정에 작은 안내서가 되기를 바란다.

참고문헌

Bommasani, R., et al.(2021). On the Opportunities and Risks of

Foundation Models. arXiv 2108.07258.

Colton, S., & Wiggins, G. A.(2012). Computational Creativity: The Final Frontier?. In *Proceedings of the 21st European Conference on Artificial Intelligence*. pp. 21~26. IOS Press.

Goodfellow, I. J., et al.(2014). Generative Adversarial Nets. In *Advances in Neural Information Processing Systems*, 27. pp. 2672~2680. MIT Press.

01
생성형 AI, 예술을 다시 그리다

생성형 AI는 인간 예술가의 창작 영역을 허물고 기계와의 협업을 통해 전통적 예술의 경계를 넘어서고 있다. 2018년 AI 작품의 고가 낙찰 이후 예술계는 창작 주체에 대한 근본적 질문에 직면했고, 예술가는 무한한 AI 결과물 중 선택하고 재해석하는 새로운 역할을 수행한다. 기계와 인간의 경계가 모호해진 창작 현장에서 예술의 본질이 재정의되고 있다.

AI와 1인 창업?

생성형 AI의 개념과 역사

디지털 시대에 인공지능(AI) 기술은 놀라운 속도로 발전해 왔으며, 그중에서도 생성형 AI(Generative AI)는 기존 데이터를 학습해 새로운 텍스트, 이미지, 음악, 영상 등 다양한 형태의 결과물을 자동으로 만들어 내는 알고리즘으로 전 세계적인 주목을 받고 있다. 딥러닝(심층 학습) 기술이 급격히 정교해지면서, AI는 다양한 예술 분야에서 현실과 구분하기 어려울 정도로 사실적이거나 독창적인 콘텐츠를 자유자재로 생성하는 수준에 이르렀다. 특히 2014년 이언 굿펠로(Ian Goodfellow) 등이 제안한 '생성적 적대 신경망(Generative Adversarial Networks, GAN)'은 두 개의 신경망, 즉 생성자(generator)와 판별자(discriminator)가 서로 경쟁하며 학습하는 혁신적인 구조로 작동하여, AI가 더욱 사실적이고 창의적인 결과물을 산출하도록 돕는 중요한 기술적 토대를 마련했다(Goodfellow et al., 2014).

과거 AI 연구는 주로 규칙 기반의 전문가 시스템이나 제한된 양의 데이터를 처리하는 데 초점을 맞추었다. 그러나 그래픽 처리 장치(GPU)의 성능이 비약적으로 향상되고 방대한 양의 디지털 데이터(빅데이터)가 지속적으로 축적되면서, 딥러닝 알고리즘이 이전에는 다루기 어려웠던 복잡하고 풍부한 정보를 매우 효율적으로 학습할 수 있는 환경이 성공적으로 형성되었다. 이러한 기술적 발전은 생성형 AI가 예술이라는 창의적이고 주관적인 맥락에서도 유의미하게 활용될 수 있는 가능성을 크게 높였다. 예술 분야는 전통적으로 작가가 영감부터 최종 표현까지 모든 요소를 주체적으로 통제하는 창작 구조를 지녀 왔으나, 생성형 AI는 기계가 사전에 학습한 무궁무진한 데이터 패턴을 토대로 인간 예술가에게 예상치 못한 새로운 발상이나 표현 방식을 적극적으로 제안하는 새로운 창작 환경을 열어 주고 있다.

2018년, 프랑스의 예술 콜렉티브 오비어스(Obvious)가 GAN을 활용해 제작한 초상화 〈에드몽 드 벨라미(Edmond de Belamy)〉가 세계적인 미술품 경매 회사 크리스티(Christie's)에서 약 43만 달러(약 5억 원)라는 고가에 낙찰된 사건은 AI가 생성한 작업물이 실제 예술 시장에서도 상당한 경제적 가치를 인정받을 수 있음을 보여 준 상징적인 사례였다. 이는 동시대 예술가, 기획자, 컬렉터뿐만 아니라 일반 대중에게도 큰 충격과 함께 깊은 인상을 남겼고, '예술이란 무엇인가?', '창작의 주체는 과연 누구인가?' 그리고 '인간의 창의성은 기계로 대체될 수 있는가?'와 같은 예술의 본질과 인간의 역할에 대한 근본적인 질문들을 다시 한번 우리 사회에 강력하게 불러일으켰다. 이 사건 이후 생성형 AI는 예술계로부터 더욱 뜨거운 주목을 받게 되었으며, 전 세계의 많은 예술가들은 이 새로운 기술과 적극적으로 협업하여 이전과는 전혀 다른 다채로운 예술적 시도들을 활발하게 펼치기 시작했다. 현재 수많은 이론가와 창작자들은 AI를 단순히 편리한 도구를 넘어, 인간의 창의성을 보완하고 확장하는 '창작의 동반자(creative partner)'로 인식하며 새로운 시대의 예술 미학을 적극적으로 모색하고 있다.

예술 분야 적용 사례

생성형 AI는 이미 다양한 예술 장르에 깊숙이 도입되어 표현 방식과 창작 과정 전반에 걸쳐 혁신적인 변화를 주도하고 있다. 이미지 생성 분야에서 특히 주목받는 미드저니(Midjourney)는 사용자가 입력한 텍스트 지시어(prompt)만으로도 매우 사실적이거나 환상적이고 초현실적인 고품질 이미지를 직관적으로 생성해 낸다. 예술가는 자신이 표현하고자 하는 작품의 주요 색감, 분위기, 구도, 특정 작가의 화풍 등을 텍스트로 상세히 설명하고, AI 모델이 이를 바탕으로 제시하는 여러 시각적 결과물 가운데 자신의 의도와 가장 부합하거나 새로운 영감을 주는 구도를 선택하여 후속 작업의 기초로 활용한다.

수많은 텍스트-영상 변환 생성형 AI 모델이 존재하지만, 생성형 AI를 활용하는 예술가들은 오픈AI의 소라(Sora)와 구글의 비오(Veo)를 주목한다. 이 두 모델은 각각 챗GPT(ChatGPT), 제미나이(Gemini)와 같은 강력한 대규모 언어 모델(LLM)과 유기적으로 연동되어 있기 때문이다. 이러한 통합된 생태계는 연구자가 영상으로 구현하고자 하는 복잡한 개념이나 가설을 언어 모델의 도움을 받아 정교하고 다층적인 텍스트 프롬프트로 발전시키는 '프롬프트 엔지니어링(Prompt Engineering)' 과정을 지원한다. 즉, 초기 아이디어 발상부터 서사의 구체화, 장면의 세부 묘사에 이르기까지 반복적이고 심도 있는 수정을 거칠 수 있어, 최종적으로 연구자의 의도에 더욱 정밀하게 부합하는 영상 결과물을 생성할 수 있다는 점에서 학술적 활용 가치가 매우 높게 평가된다. 이들은 사용자가 입력한 서술형 대본이나 구체적인 장면 지시어를 바탕으로, 사실적이고 일관성 있는 고품질 영상을 생성해 내는 능력을 보여 준다. 오픈AI의 소라는 복잡한 시나리오와 섬세한 감정 표현까지 영상으로 구현해 내며 특히 회화적 요소를 잘 생성해 낸다. 한편, 구글의 비오는 고해상도(1080p) 영상 생성은 물론, '타임랩

스', '항공샷'과 같은 전문적인 영화 촬영 용어에 대한 높은 이해도를 바탕으로 사용자의 창의적 의도를 정교하게 반영하는 데 강점을 보인다. 이러한 모델들은 실험적인 단편 영화 제작, 뮤직비디오의 시놉시스 시각화, 전시 공간에 활용될 미디어 아트의 프로토타입(시제품) 구상 및 제작 과정에서 매우 효율적인 도구로 활용될 수 있다. 창작자는 아이디어를 즉각적으로 시각화하고 발전시켜 나갈 수 있게 됨으로써, 과거에는 상상에만 머물렀던 개념들을 손쉽게 현실로 가져올 수 있게 되었다. 텍스트 기반 생성 AI의 영역에서도 발전은 계속되고 있다. 오픈AI의 챗GPT는 한층 더 강력해진 언어 모델(GPT-5)을 기반으로 예술 기획 및 이론 연구와 같은 창의적 영역에서 그 활용 범위를 폭넓게 확장하고 있다. 예를 들어, 전시 기획안의 초안을 더욱 정교하게 작성하고, 특정 작품에 대한 다각적이고 깊이 있는 해설문을 생성하며, 복잡한 예술 이론이나 사조를 체계적으로 요약 및 정리하는 작업을 챗GPT를 통해 효과적으로 수행할 수 있다. 이는 예술가나 기획자가 텍스트 기반의 아이디어를 보다 체계적으로 조직화하고 창의적 담론을 발전시키는 데 실질적인 도움을 제공한다.

또한 어도비(Adobe)는 자사의 이미지 편집 소프트웨

어에 통합한 AI 기반 생성형 채우기 기능인 파이어플라이(Adobe Firefly)는 기존 이미지의 특정 부분을 자연스럽게 확장하거나, 사용자의 지시에 따라 새로운 요소를 추가 또는 제거하는 등 사진 보정 및 합성 작업을 이전보다 훨씬 신속하고 정교하게 수행할 수 있도록 지원한다. 이러한 AI 도구들은 대부분 사용자 친화적인 인터페이스(사용 환경)를 갖추고 있어, 복잡한 프로그래밍이나 기술적 배경 지식이 없는 예술가들도 비교적 쉽게 접근하여 자신의 창작 활동에 활용할 수 있다는 큰 장점을 지닌다.

이처럼 미드저니, 소라, 챗GPT, 어도비 파이어플라이 등 현재 널리 사용되는 생성형 AI 도구들은 단순한 기술적 생산 도구의 차원을 넘어서, 예술가에게 전에 없던 새롭고 창의적인 작업 방식을 탐색하고 실험할 수 있는 길을 열어 주고 있다. 예술가는 AI가 마치 무한한 가능성의 팔레트처럼 제안하는 다수의 시각적, 텍스트적, 혹은 청각적 옵션들 중에서 자신의 예술적 비전과 개성에 가장 부합하는 방향을 주체적으로 선택하고, 이를 다시 자신만의 방식으로 편집하고 재구성함으로써 고유한 예술적 표현을 완성해 나간다. 전통적인 창작 방식으로는 상상하거나 구현하기 어려웠던 복잡한 조합이나 이질적인 소재 간의 융합을 인공지능은 비교적 간단하게 시도해 주므로, 예술가는 AI와의 상호작용을 통해 전혀 예상치 못했던 새로운 시각적 아이디어나 표현의 실마리를 얻을 수 있다. 이러한 다양한 사례들은 생성형 AI가 예술 창작 과정에서 단순 반복 작업을 효율적으로 대체하는 것을 넘어, 인간 예술가의 창의적 사유와 표현 활동을 적극적으로 돕고 확장하는 일종의 지능형 '인큐베이터(incubator)'이자 잠재력 있는 협업 파트너가 되고 있음을 분명하게 보여 준다.

AI 협업에 대한 전반적 이해

생성형 AI와 인간 예술가가 협력하여 창작하는 과정은 일반적으로 예술가의 초기 아이디어 제시부터 시작하여, AI가 생성한 다양한 결과물을 비판적으로 검토하고, 최종적으로 예술가가 이를 수정하고 완성하는 여러 단계로 구성된다.

먼저 예술가는 작품을 통해 전달하고자 하는 핵심 콘셉트나 주제를 구체적으로 구상하고, 이를 텍스트, 스케치, 혹은 참조 이미지 등의 형태로 AI 모델에 입력한다. 이후 AI는 입력된 정보를 바탕으로 학습된 데이터와 알고리즘을 활용하여 다채로운 형태의 결과물을 산출해 내며, 예술가는 이렇게 생성된 결과물들의 색감, 구도, 주제 표현의 적절성 등이 자신이 초기에 의도했던 방향과 얼마나 부합하는지, 혹은 어떤 새로운 가능성을 제시하는지를 면밀히 비교하고 분석한다. 이러한 검토 과정을 통해 예술가는 AI가 만들어 낸 결과물을 부분적으로 수용하여 발전시키거나, 혹은 전혀 새로운 방향으로의 변환을 AI에게 다시 요구하며 점진적으로 작품의 완성도를 높여 나간다. 이처럼 AI와의 협업은 일방적인 명령과 수동적인 실행의 관계가 아니라, '창조적 대화(Creative Dialogue)'를 통해 결과물을 함께 다듬어 나가는 역동적인 상호작용에 가깝다(Colton & Wiggins, 2012). 예술가는 이 대화 과정에서 AI에게 창작의 방향키를 쥔 '디렉터(Director)'로서 기능하며, 추상적인 아이디어나 철학적 개념을 AI가 이해하고 반응할 수 있는 프롬프트로 제시하고, AI는 이를 시각적, 텍스트적 형태로 번역해 내는 지적인 '조수(assistant)' 역할을 수행한다.

영국의 미디어 예술가이자 연구자인 메모 액턴(Memo Akten)은 이러한 인간과 AI의 협업 과정을 "확장된 창의성(extended creativity)"이라는 개념으로 설명한 바 있다(Akten, 2020). 이는 AI가 인간의 지시(프롬프트)를 바탕으로 수많은 창의적 시도와 다양한 결과값을 효율적으로 생성해 낼 수 있으며, 그중에서 예술적으로 의미 있는 요소를 선별하고, 이를 작가 자신의 고유한 예술 언어와 철학으로 재해석하여 최종적인 작품으로 완성하는 것은 여전히 인간 예술가의 주체적인 역할임을 강조하는 개념이다. AI가 마치 무한한 변주곡을 연주하듯 끊임없이 새로운 가능성을 제공할 때, 인간 예술가는 그 속에서 미학적 가치를 발견하고 작품에 고유한 정체성과 깊이를 부여하는 핵심적인 역할을 수행하는 것이다. 이처럼 AI는 인간 예술가의 창의성을 대체하는 것이 아니라, 오히려 그 한계를 확장하고 새로운 표현의 지평을 열어 주는 협력적 파트너로서 기능할 수 있다.

다만, 이러한 인간과 AI의 협업이 예술계 전반으로 활발하게 확산될수록, 기존의 예술 개념으로는 해결하기 어려운 새로운 문제들, 즉 창작물의 저작권 귀속 문제, AI 학습 데이터의 윤리성 및 편향성 문제, 그리고 AI 시대 예술가의 정체성 혼란 문제 등이 중요한 쟁점으로 함께 부상하고 있다. AI와 협업하여 완성된 작품의 저작권은 과연 인간 예술가에게만 있는 것인지, 아니면 AI 모델 개발자나 AI 자체에도 일정한 권리가 인정되어야 하는지에 대한 법적 · 윤리적 논의가 활발히 진행 중이며, 이에 대한 명확한 가이드라인 정립이 시급한 상황이다

(Manovich, 2019). 또한 AI 모델이 특정 문화권이나 인종, 성별에 편향된 데이터를 주로 학습했을 경우, 그 결과물 역시 편향된 시각을 재생산하여 예술적 다양성을 저해하고 사회적 고정관념을 강화할 수 있다는 우려도 제기된다. 따라서 AI와의 협업은 예술가에게 창작의 영역에서 무한한 확장 가능성을 열어 주는 동시에, 이러한 새로운 기술을 책임감 있고 윤리적으로 사용해야 하는 무거운 책임과 다양한 과제를 함께 제기하고 있다.

결국 AI를 단순한 기술적 도구로만 볼 것인지, 아니면 인간과 대등한 공동 창작자로 인정할 것인지에 대한 근본적인 담론은 앞으로도 예술계와 관련 학계에서 계속해서 논의될 중요한 주제다. 현재까지 예술가의 입장에서는 AI가 제공하는 방대하고 때로는 예측 불가능한 시안들 중에서 어떤 미학적, 개념적 요소를 선택하여 자신의 작품에 반영할 것인지를 결정하는 과정 그 자체가 인간 창의성의 핵심적인 발현으로 여겨진다. 앞으로 AI 기술에 대한 더 많은 연구와 다양한 분야에서의 실질적인 창작 경험이 축적될수록, 생성형 AI의 역할과 그 예술적 가능성은 지금보다 더욱 정교하고 다층적으로 정의될 것으로 전망된다. 궁극적으로 AI 시대의 예술은 인간과 기계가 창작 과정의 어느 지점에서 만나고, 그 만남을 통해 어떻게 새롭고 의미 있는 예술적 가치를 함께 구성해 나갈 것인가에 대한 끊임없는 탐구와 실험의 여정이라 할 수 있다.

참고문헌

서은선(2023). AI 예술의 예술적 가치 연구 : 보리스 엘닥슨의 AI 생성 작품 중심으로. 《기초조형학연구》, 24(5). 211~224쪽.

Akten, M.(2020). Machine Learning & Extended Creativity. In *Proceedings of the 26th International Symposium on Electronic Art.* pp. 312~318.

Colton, S., & Wiggins, G. A.(2012). Computational Creativity: The Final Frontier?. In *Proceedings of the 21st European Conference on Artificial Intelligence.* pp. 21~26. IOS Press.

Goodfellow, I. J., et al.(2014). Generative Adversarial Nets. In *Advances in Neural Information Processing Systems,* 27. pp. 2672~2680. MIT Press.

Manovich, L.(2019). *AI Aesthetics.* Strelka Press.

02
협업 개념의 재정립

AI 시대에도 인간 고유의 창의성은 예술의 핵심 동력으로 작용하며, 기술과의 능동적 협업은 예술 표현의 지평을 확장하고 예술가의 정체성을 새롭게 진화시키는 결정적 계기가 된다.

AI와 MBTI?

인간 창의성의 본질

생성형 인공지능이 예술 창작의 지형도를 빠르게 바꾸면서, 우리는 예술의 근본 가치와 인간 창의성의 본질에 대해 다시금 질문하게 된다. AI가 생성한 결과물을 과연 예술로 볼 수 있는지, AI와 협업하는 과정에서 인간 예술가의 고유한 역할은 무엇이며 어떻게 변화하는지, 그리고 궁극적으로 창의성이란 무엇인가에 대한 근원적 성찰이 요구되는 시점이다.

인간의 창작 활동은 단순한 기술적 숙련을 넘어선 복합적인 정신 활동의 산물로서, 예술 철학과 인지과학은 그 본질을 탐구하는 데 중요한 통찰을 제공한다. 예술 철학은 창작의 동기, 예술적 가치, 미적 경험의 본질을 탐구하며 인간 창의성의 의미를 조명해 왔고, 그 과정에서 인간의 주관성, 의도성, 그리고 작품을 통한 소통의 문제를 깊이 있게 다루었다. 한편 인지과학은 창의적 사고가 인간의 마음과 뇌에서 어떻게 발현되고 작동하는지 그 인지적 기제를 밝히고자 노력해 왔으며, 상상, 직관, 문제 해결 등 창의성의 구체적인 인지 과정을 분석한다. 이 두 분야의 접근은 AI 시대에 더욱 중요해진 인간 고유성의 가치를 재확인하고, 기술과의 관계 속에서 인간 창의성이 나아갈 방향을 모색하는 데 핵심적인 이론적 기반을 마련해 준다.

예술 철학적 관점에서 인간의 창작 활동은 예술가의 주체적인 '의도(intention)', 세상을 독특하게 인식하고 가치를 부여하는 '미감(aesthetics)', 그리고 이러한 내면 세계를 구체적인 형태로 구현하는 '표현(expression)'이 통합된 과정으로 이해된다. 예술가는 작품을 통해 특정한 메시지를 전달하거나 정서적 반응을 불러일으키려는 내적 동기, 즉 의도에서 창작을 시작하며, 이러한 의도는 때로는 명확한 개념으로, 때로는 모호한 감정의 형태로 존재하며 작품의 주제와 형식을 결정짓는 핵심 동력으로 작용한다(Sartre, 1947). 예술가의 미감은 작품에 독창성을 부여하는데, 이는 단순히 아름다움을 감지하는 타고난 능력을 넘어 교육, 경험, 문화적 환경 속에서 길러지고 연마되는 복합적 판단 능력이며, 칸트(Kant, 1724~1804)가 《판단력 비판》에서 논한 미적 판단력의 초월적 조건들과도 맞닿아 있다(Kant, 1790). 궁극적으로 예술가의 표현 행위는 이러한 의도와 미감을 다양한 매체의 특성을 이해하고 새로운 기법을 실험하며 작품으로 물질화하는 과정이며, 이 전체 과정에 담긴 예술가의 정신적 깊이, 축적된 경험, 그리고 고유한 주관적 세계의 표현이 인간 창작의 핵심적 가치로 평가된다.

인지과학은 인간의 창의성을 정보처리 과정과 정신 모델의 관점에서 분석하며, 새로운 아이디어를 생성하고 평가하며 발전시키는 복합적 인지 능력으로 이해한다(Sternberg & Lubart, 1999). 이 과정에서 핵심적인 역할을 하는 것은 기존의 틀을 벗어나 새로운 가능성을 떠올리는 '상상력(imagination)', 논리적 추론을 뛰어넘어 문제의 본질을 순간적으로 파악하는 '직관(intuition)', 그리고 목표 지향적으로 최적의 해결책을 모색하는 '문제 해결(problem-solving)' 능력이다. 상상력은 뇌의 여러 영역이 상호작용하는 고등 인지 기능으로(Kosslyn, 2005), 예술가는 이를 통해 창작의 무한한 가능성을 탐색한다. 직관은 오랜 경험과 지식이 무의식적으로 작용한 결과로 창의적 도약을 가능하게 하며, AI의 데이터 기반 패턴 인식과는 질적으로 다른 인간 고유의 비선형적 사고 과정의 일부다. 예술 창작 과정 자체를 일련의 문제 해결 과정으로도 볼 수 있는데, 예술가는 명확하게 정의되지 않은 문제를 해결하기 위해 다양한 아이디어를 탐색하는 '확산적 사고(divergent thinking)'와 여러 아이디어 중 최적의 해결책을 논리적으로 찾아내는 '수렴적 사고(convergent thinking)'를 역동적으로 반복한다(Guilford, 1967). 이러한 인지 과정들은 상호 보완적으로 작용하며 창의적인 결과물을 만들어 내는 데 결정적인 역할을 수행한다.

이러한 예술 철학적 및 인지과학적 논의를 종합할 때, 인간의 창작 능력은 알고리즘적 과정을 넘어서는 여러 고유한 특성을 지니고 있음이 분명해진다. 인간은 작품이 놓일 사회적, 문화적, 역사적 '맥락을 깊이 있게 이해'하고 이를 작품에 반영하거나 비판적으로 질문하며, 이는 AI가 방대한 데이터를 학습하더라도 쉽게 도달하기 어려운 영역이다. 인간 예술가는 자신의 내밀한 '감정적 깊이'를 작품에 투영하고 관객과 '공감'하며 정서적 교감을 이끌어 내는데, 이는 단순한 감정 패턴 모방을 넘어서는 인간 고유의 상호 주관적 능력이다. 예술가의 고유한 삶의 궤적과 내면의 목소리에서 비롯되는 '주관적 경험의 체화'는 작품에 대체 불가능한 개성과 아우라를 부여하며, AI의 평균적 스타일 생성과는 근본적인 차이를 보인다. 마지막으로, 예술은 종종 인간 존재와 사회에 대한 '윤리적 · 철학적 성찰'의 매개가 되는데, 이러한 고도의 추상적 사고와 비판적 사유는 현재 AI 기술이 스스로 발현하기 어려운, 인간 정신의 중요한 성취 영역으로 남아 깊이 있는 예술적 담론을 형성한다.

디지털 시대 예술가의 정체성 변화

전통적으로 '예술가'는 개인적 영감과 독창성으로 작품을 만들어 내는 창작 주체로 여겨져 왔다. 예술가의 위상은 '천재성'과 결부되어, 오랫동안 단독 창작이라는 신화가 예술을 상징하는 핵심 요소로 자리 잡았다. 그러나 20세기 초중반부터 기술 복제 시대에 접어들면서, 예술은 점차 복제성과 대량 생산의 영향을 받기 시작했다.

발터 벤야민(Walter Benjamin)이 《기술복제시대의 예술작품》에서 지적했듯이, 사진술 · 인쇄술 · 방송매체는 예술작품의 독창성과 희소성 개념에 근본적인 도전을 제기했다(Benjamin, 2007). 동시에 예술가는 기존의 화실이나 작업실을 벗어나 매체 실험, 퍼포먼스, 오브제 설치 등 다양한 양식을 시도하게 되었다. 이런 과정을 통해 예술가는 이미 '기술을 활용하는 존재'로 서서히 정체성을 변화시켜 왔다.

디지털 전환(digital transformation)이 가속화된 현시점에서는 예술가와 기술 간의 관계가 단순한 보조적 차원을 넘어선다. 인간 예술가는 기술과 상호작용하며, 알고리즘이 제안하는 결과물을 능동적으로 선택하고 편집해 최종 작품을 완성한다. 이는 '협력적 창작(collaborative creation)'의 형태로, 여기서 기술은 더 이상 수동적인 도구가 아니라 주도적인 아이디어 공급원 혹은 '공동 창작자(co-creator)'로 기능한다. 마노비치(Manovich)는 이러한 변화를 "문화 알고리즘의 등장"이라고 표현하며, 기술이 단순한 도구에서 창작의 동반자로 진화하는 과정을 설명한다(Manovich, 2019).

협업은 일반적으로 '사람과 사람이 함께 일한다'는 의미로 사용되지만, AI 시대에는 '인간과 기계의 협력'이라는 개념이 활발히 논의되고 있다. 협업이 성립하기 위해서는 참여 주체들이 공통의 목표를 추구하고, 서로의 역량을 보완하는 관계가 형성되어야 한다. 예술 창작에서 AI는 무수히 많은 시각·음향·텍스트적 시안을 빠른 속도로 생성할 수 있고, 인간 예술가는 이 결과물들 중에서 문화적 맥락, 감성, 미학, 윤리 등의 요소를 고려해 최종 선택을 내린다. 이런 점에서 AI와 인간 예술가는 서로 다른 종류의 창의성을 결합한다.

피에르 레비(Pierre Levy)는 《포스트휴먼 시대를 말하다(Speaking of the Posthuman Era)》에서 이러한 상호작용을 '집단지성(collective intelligence)'의 확장으로 설명한다. 예술가의 상상력은 때로 제한적이지만 심도 있는 통찰을 제공하고, AI의 '창의성'은 엄청난 양의 데이터를 바탕으로 예측 불가능한 아이디어를 제시할 수 있다. 이를 단순히 'AI가 인간을 대체한다'라고 해석하기보다는, 인간과 AI의 협업을 통해 새로운 예술적 영역으로 진입하는 과정으로 보는 견해가 설득력을 얻고 있다.

예컨대, 인간 예술가는 '프롬프트'를 작성해 AI가 상상할 수 있는 범위를 설정하는 반면, AI가 생성하는 결과물에서 예술가 본인도 예상치 못했던 특징을 발견할 수 있다. 이후 예술가는 그 특징을 재해석하여 작품에 반영하는 식으로, 상호작용이 반복되고 작품이 진화하게 된다(Levy, 2017). 이러한 과정은 브뤼노 라투르(Bruno Latour)가 제시한 '행위자-네트워크 이론(Actor-Network Theory)'의 관점에서도 이해할 수 있다(Latour, 2005). 인간과 비인간 행위자가 복잡하게 얽힌 네트워크 속에서 예술 작품이 '생성(生成)'되는 현상으로 해석되는 것이다.

알고리즘과 만난 인간

인간 창의성의 다층적 특성은 고도로 발달한 알고리즘 기술, 특히 생성형 AI와 만나면서 예술 창작의 새로운 지평을 열고 있다. 생성형 AI는 방대한 데이터를 학습하고 패턴을 인식하여 새로운 결과물을 만들어 내는 능력으로, 인간 예술가에게 이전에는 상상하기 어려웠던 방식으로 창작 과정을 탐색하고 표현의 영역을 확장할 기회를 제공한다. 이러한 만남은 인간 창의성의 본질과 예술가의 역할에 대한 근본적인 질문을 다시 던지며, 창의성의 새로운 가능성을 탐색하게 한다.

생성형 AI는 인간 예술가의 인지적 능력을 여러 측면에서 보조하고 확장하는 강력한 도구로서의 잠재력을 지닌다. AI는 방대한 데이터를 신속하게 처리하고 복잡한 패턴을 인식하는 능력으로 특정 스타일 연구나 아이디어 탐색 시간을 단축시키며(Goodfellow et al., 2014), 인간의 기억력이나 주의력의 한계를 보완한다. 또한 AI는 인간이 예상치 못한 의외의 조합이나 해결책을 제시하여 창의적 영감을 자극하고, 예술가가 고정관념을 깨고 새로운 창작의 돌파구를 마련하도록 도울 수 있다(Manovich, 2019). 그러나 AI는 의도, 미감, 주관적 경험, 맥락 이해, 감정적 깊이 등 인간 고유의 정신 활동을 본질적으로 수행하지 못하며, 학습된 데이터의 통계적 패턴을 넘어서는 창작에는 한계가 있다. 따라서 현재 AI는 예술가의 의도를 완벽히 이해하고 자율적으로 창작하는 지능형 협업자라기보다는, 예술가의 지시에 따라 다양한 옵션을 제공하는 고성능 보조 도구에 가깝다고 볼 수 있으며, AI의 결과물을 비판적으로 수용하고 최종적인 의미를 부여하는 역할은 전적으로 인간 예술가에게 달려 있다.

AI와의 협업은 마거릿 보덴이 분류한 창의성의 세 가지 유형, 즉 '조합적 창의성', '탐색적 창의성', '변형적 창의성' 모두에서 인간 예술가에게 새로운 가능성을 제시한다(Boden, 2004). AI는 기존 아이디어들을 새롭고 놀라운 방식으로 결합하는 '조합적 창의성'에 기여하며, 예술가에게 다양한 스타일이나 개념을 융합한 독특한 시각적 결과물을 제공해 상상력을 자극한다. 또한 AI는 특정 스타일이나 장르의 규칙 내에서 새로운 가능성을 탐구하는 '탐색적 창의성'을 지원하여, 예술가가 기존 스타일의 경계를 탐색하고 독창적인 표현을 찾도록 돕는다. 비록 AI가 스스로 기존의 규칙 체계를 근본적으로 바꾸는 '변형적 창의성'을 발휘하기는 어렵지만, AI가 생성한 예기치 않거나 설명하기 어려운 결과물은 인간 예술가에게 변형적 창의성을 위한 강력한 촉매제가 될 수 있으며, 기존 사고방식을 전복하는 결정적인 영감을 제공할 수 있다. 결국 AI와 함께하는 창의적 여정은 예술가가 AI와 끊임없이 상호작용하며 AI가 제공하는 가능성을 활용하고, 때로는 그 한계나 의외성 속에서 새로운 창조적 실마리를 발견하는 능동적인 탐험 과정이라 할 수 있다.

인간과 생성형 AI의 협업이 만들어 내는 창의성에 대해서는 다양한 학문 분야에서 활발한 논의가 이루어지고 있으며, 이를 바라보는 시각 또한 다양하다. 일각에서는 AI를 창의적 표현을 위한 '지능형 도구'로 간주하며, 최종적인 창의성의 발현은 인간 예술가의 의도와 미적 판단에 달려 있다고 본다(Colton & Wiggins, 2012). 다른 한편에서는 인간과 AI의 관계를 보다 수평적인 '협업 파트너'로 인식하며, AI가 창작 과정에 능동적으로 개입하여 새로운 창의적 결과물을 함께 만들어 낸다고 본다. 더 나아가, 인간과 AI의 협업이 기존의 창의성 개념으로는 포착하기 어려운 새로운 형태의 '공생적 창의성' 또는 '하이브리드 창의성'을 탄생시킨다는 주장도 제기되는데, 이는 인간의 감성적 · 직관적 사고와 AI의 데이터 기반 연산 능력이 결합해 어느 한쪽만으로는 도달할 수 없는 독창적인 결과물을 만들어 내는 창작 방식이다(Manovich, 2019). 이러한 다양한 관점은 생성형 AI의 등장이 창의성의 정의와 실천 방식에 근본적인 질문을 던지고 있으며, 예술가들은 이러한 변화 속에서 자신만의 창조적 해법을 모색해야 함을 시사한다.

디지털 아우라와 새로운 예술적 정체성

생성형 AI 시대의 도래는 발터 벤야민이 언급했던 원본의 '아우라(aura)' 개념에 대한 근본적인 재검토를 요구하며, 복제와 변형이 일상화된 디지털 환경 속에서 '디지털 아우라'라는 새로운 현상의 출현 가능성을 시사한다. 벤야민은 예술작품의 아우라를 '지금, 여기'라는 현존성, 역사성, 유일무이함에서 찾았으나, 무한 복제가 가능한 AI 예술은 전통적 아우라 개념에 도전한다. 그럼에도 불구하고 AI 예술은 인간 예술가의 독창적인 프롬프트 설계, AI와의 상호작용 과정, 그리고 그 결과물을 해석하고 맥락화하는 방식에서 새로운 종류의 유일성과 가치를 부여받으며, 기술과의 관계 속에서 재정의되는 아우라, 즉 디지털 환경에 적응한 아우라의 가능성을 탐색하게 한다.

AI 생성물의 예술적 '진정성(authenticity)'은 인간의 직접적인 물리적 개입 없이 알고리즘에 의해 상당 부분 생성된다는 점에서 지속적인 논쟁의 대상이지만, 창작 과정에 깊이 관여하는 인간 예술가의 의도와 미적 판단, 그리고 AI와의 독특한 협업 방식이 새로운 차원의 진정성을 구축할 수 있다. AI 예술에서 진정성은 예술가가 AI라는 새로운 매체를 어떻게 이해하고 활용하여 자신만의 예술적 비전을 구현하는가에 달려 있으며, 프롬프트의 독창성, 결과물 선택 및 편집 과정에서의 큐레이션, 그리고 작품을 통해 전달하고자 하는 개념적 깊이가 AI 시대의 새로운 진정성을 담보하는 요소가 될 수 있다. 이는 예술의 가치가 기계가 만든 최종 이미지 자체보다, 그것을 이끌어 내고 의미를 부여하는 인간의 창조적 개입 과정에 더 큰 무게를 둔다는 것을 의미한다.

AI가 인간과 동일한 방식으로 감정을 경험하거나 표현할 수는 없지만, 예술가는 AI를 창의적 매개로 삼아 인간 감성의 복잡한 측면을 탐구하고 관객과 새로운 방식으로 정서적 교감을 시도하며 자신의 예술적 정체성을 확장해 나간다. AI는 감정을 '이해'하는 것이 아니라 데이터 패턴을 통해 감정적 표현을 '학습'하고 '모방'하지만, 예술가는 이러한 AI의 특성을 활용하여 특정 감정을 유발하는 시각적 요소를 탐구하거나 인간의 감정 상태에 반응하는 인터랙티브 작품을 제작함으로써 '감정'이라는 주제를 기술 시대의 새로운 관점에서 조명할 수 있다. 이 과정에서 예술가는 AI와의 관계 속에서 인간 감성의 본질을 되묻고, 기술 환경이 인간의 정서적 경험에 미치는 영향을 탐구하는 주체로서 자신의 역할을 재정의한다.

결과적으로 생성형 AI 시대의 예술가는 전통적인 창

작자를 넘어, 알고리즘과 창의적으로 소통하는 '프롬프트 설계자', 방대한 가능성 속에서 의미를 큐레이팅하는 '미적 항해사', 그리고 기술과 예술의 경계에서 새로운 질문을 던지는 '개념적 탐험가'로서 다층적이고 유동적인 정체성을 구축하게 된다(Manovich, 2019). 이들은 언어와 개념을 통해 AI와 협업하며, 때로는 AI의 예측 불가능성을 창작의 재료로 삼기도 하며, 이러한 역할 변화는 예술가에게 더 넓은 범위의 지식과 기술, 비판적 사고능력을 요구한다. 인간과 AI의 협업은 인간 예술가의 역할이 축소되는 것이 아니라 오히려 더욱 복합적이고 창의적인 방향으로 확장되고 있음을 시사한다.

궁극적으로 AI와의 창조적 협업은 현대 예술가로 하여금 자신의 창작 방법론을 근본적으로 재고하고, 기술과 인간성의 역동적인 관계 속에서 예술의 새로운 의미와 가치를 적극적으로 모색하도록 이끈다. 디지털 아우라의 가능성, 진정성의 새로운 기준, 그리고 변화하는 예술가의 정체성에 대한 고민은 단순히 새로운 기술에 대한 피상적인 적응을 넘어, 예술의 본질과 미래에 대한 깊은 성찰을 요구하며, 이는 앞으로 논의될 AI 예술의 저작권 문제, 윤리적 쟁점, 사회 문화적 파급력과도 긴밀하게 연결된다.

참고문헌

서은선(2023). AI 예술의 예술적 가치 연구 : 보리스 엘닥슨의 AI 생성 작품 중심으로. 《기초조형학연구》, 24(5). 211~224쪽.

서은선(2024). 인공지능과 인간의 협업으로 탄생한 새로운 예술의 지평 - OpenAI와 알렉산더 레벤의 협업을 중심으로. 《기초조형학연구》, 25(5), 259~273쪽.

이준석(2023). 레픽 아나돌의 AI 미디어아트 연구: 데이터 기반 감정 표현을 중심으로. 《한국미디어아트학회지》, 15(3), 122~145쪽.

Anadol, R.(2022). Sense of Healing: AI Data Sculpture. https://refikanadol.com/works/sense-of-healing-ai-data-sculpture/

Benjamin, W.(2007). 최성만 옮김. 《기술복제시대의 예술작품(Das Kunstwerk im Zeitalter seiner technischen Reproduzierbarkeit)》. 길.

Boden, M. A.(2004). *The Creative Mind: Myths and Mechanisms*(2nd ed.). Routledge.

Colton, S., & Wiggins, G. A.(2012). Computational Creativity: The Final Frontier?. In *Proceedings of the 21st European Conference on Artificial Intelligence*. pp. 21~26. IOS Press.

Eldagsen, B.(2022). Pseudomnesia: The Electrician. https://www.eldagsen.com/pseudomnesia

Harris, J., & Kamvar, S.(2022). *We Feel Fine: An Almanac of Human Emotion*. New York: Simon & Schuster.

Levy, P.(2017). *Speaking of the Posthuman Era*. Cambridge University Press.

Manovich, L.(2019). *AI Aesthetics*. Strelka Press.

McLuhan, M.(1964). *Understanding Media: The Extensions of*

Man. McGraw-Hill.
Reben, A.(2023). https://www.areben.com

03
창작 과정의 실험

AI 예술가들의 실험은 창작 주체성에 대한 근본적 질문을 던진다. 엘닥슨의 수상 거부는 AI 작품의 정체성 논쟁을 촉발했고, 레벤은 인간과 AI의 역할을 전복해 창의성의 개념을 재정의했다. 이들의 작업은 예술의 경계를 해체하며 창작자의 의미를 새롭게 탐구하고 있다.

AI와 난임 극복?

생성형 AI와 인간 예술가의 협업 사례

인공지능 기술이 빠르게 발전하면서 예술 창작의 개념과 주체를 둘러싼 논의가 새로운 전환점을 맞고 있다. 생성형 인공지능과 인간 예술가의 협업은 현대 예술계에서 혁신적이면서도 논쟁적인 흐름을 만들어 내고 있으며, 예술이란 무엇인지, 창의성이란 어떤 것인지, 그리고 창작의 주체는 누구인지에 대한 근본적인 질문을 던지고 있다.

"AI가 예술의 종말을 가져올 것인가?"라는 우려 섞인 물음에 대해, 수년간 AI와 함께 작업해 온 예술가 알렉산더 레벤(Alexander Reben)은 단호하게 "아니다"라고 답한다. 그는 오히려 우리가 "창의성의 개념이 완전히 달라지는 새로운 시대"에 들어서고 있다고 말한다. AI의 등장으로 예술의 범위와 창작 방식이 확장되고 있으며, 인간과 기계가 함께 만들어 내는 공동 창작을 새로운 예술 형식으로 받아들여야 할 때가 왔다는 것이다.

이러한 변화의 물결 속에서 실제로 AI와 협업하며 주목받고 있는 세 명의 예술가가 있다. 독일의 사진작가 보리스 엘닥슨(Boris Eldagsen, 1970~), 미국의 공학자이자 아티스트 알렉산더 레벤(Alexander Reben, 1985~), 그리고 싱가포르 출신의 미디어 아티스트 이안 쳉(Ian

Cheng, 1984~)이 그들이다. 이들의 작업을 통해 AI 시대의 예술 창작이 실제로 어떻게 이루어지고 있는지 살펴보고, 전통적인 예술 철학이 던져온 질문들에 어떤 새로운 답을 제시하고 있는지 알아보겠다.

각각의 사례는 서로 다른 방식으로 AI와 협업하면서도, 모두 예술의 정의 변화, 창작 주체성의 문제, 그리고 협업 과정에서 발생하는 윤리적 쟁점들을 보여 준다. 이들의 실험은 단순히 새로운 기술을 활용한 작품 제작에 그치지 않고, 예술이란 무엇인지, 창작의 주체는 누구인지, AI와 인간의 협업에는 어떤 고려가 필요한지에 대한 깊이 있는 성찰을 제공한다.

보리스 엘닥슨의 사진 실험과 프롬프터그래피의 등장

2023년 독일의 포토미디어 아티스트 보리스 엘닥슨은 생성형 AI와 인간의 예술적 협업 문제를 공론화하며 예술계에 중요한 화두를 던졌다. 그는 AI 이미지 생성 기술을 활용해 만든 작품 〈위기억: 전기 기술자(Pseudomnesia: The Electrician)〉(2022)로 세계적 권위의 소니 월드 포토그래피 어워드 크리에이티브 부문에서 우승했으나, 이 작품이 AI로 생성된 이미지임을 밝히고 수상을 거부함으로써 큰 반향을 일으켰다. 엘닥슨의 이러한 행동은 단순히 수상 거부라는 행위를 넘어, AI 시대에 예술의 정의와 창작의 주체, 그리고 새로운 매체의 위상을 어떻게 정립해야 하는가에 대한 근본적인 질문을 예술계 전체에 던진 것이다.

엘닥슨이 수상을 거부하고 자신의 입장을 공개적으로 밝힌 핵심 이유는 AI로 생성된 이미지가 전통적인 사진 예술의 범주와는 명확히 구분되어야 한다는 신념 때문이었다. 그는 자신의 웹사이트를 통해 "AI 이미지가 소니 월드 포토그래피 어워드와 같은 대회에 참가할 준비가 되었는지 알아보려 재미 삼아" 작품을 출품했다고 밝혔는데, 이는 AI 생성 이미지의 예술 경연 참여 가능성을 시험하는 일종의 창작 실험이었던 셈이다. 본인이 우승자로 선정되자 엘닥슨은 AI 작품이 전통 사진 대회에서 기존 사진들과 동일선상에서 평가받는 것은 아직 적절치 않다고 판단했으며, AI 이미지와 사진 예술의 경계에 대한 공개적인 토론을 촉발하고자 상을 거절했다고 설명했다. 그는 AI 이미지가 인간이 카메라로 직접 촬영한 사진과는 본질적으로 다른 창작 과정을 거치므로, 이를 동일하게 취급하는 것은 윤리적 문제를 야기할 수 있으며, 매체 구분에 대한 새로운 기준이 필요함을 역설했다.

특히 엘닥슨은 AI 기술로 만들어진 이미지를 단순히 '사진이 아니다'라고 규정하는 것을 넘어, 이를 '프롬프터그래피(Promptography)'라는 새로운 예술 영역으로 명명하고 독자적인 분야로 인정해야 한다고 적극적으로 주장했다. 이 용어는 AI 이미지 생성이 '프롬프트(prompt)'라는 텍스트 명령어를 통해 이루어지는 핵심적인 과정을 반영한 것으로, 카메라를 사용하는 사진(photography)과는 구별되는 새로운 작법이자 예술 형식임을 강조하는 것이다. 엘닥슨의 이러한 제안은 AI 생성 이미지의 예술적 가치를 부정하는 것이 아니라, 오히려 그 고유한 특성과 가능성을 인정하고 그에 걸맞은 새로운 예술적 담론과 평가 기준을 마련하려는 시도로 이해될 수 있다.

엘닥슨의 사례는 예술의 정의, 창작의 주체성, 그리고 저작권 문제에 대한 철학적 논쟁을 현대 예술계의 중심으로 다시 가져왔다. 그가 AI 생성 이미지를 기존의 '사진' 범주에 포함시킬 수 없다고 선언한 것은 "예술 작품이란 반드시 인간의 직접적인 물리적 창조 행위의 결과물이어야 하는가?"라는 오랜 질문을 AI 시대의 맥락에서 새롭게 제기한 것이다. 이는 과거 사진술이 처음 등장했을 때 "기계가 이미지를 만들어 내므로 사진은 예술이 될 수 없다"고 주장했던 일부 예술 평론가들의 반응과 유사한 측면이 있지만, 엘닥슨의 문제 제기는 단순한 기술 혐오나 보수적 예술관에서 비롯된 것이라기보다는 새로운 매체의 특성을 정확히 인식하고 그에 맞는 자리를 찾아주려는 노력의 일환으로 볼 수 있다. 실제로 미국의 개념 사진 작가 필립 톨레다노는 AI 이미지 창작 과정을 "마치 마법 주문을 외워 이미지를 현실화하는 일"에 비유하며, 프롬프트 엔지니어링 과정에 작가의 상당한 창의적 노동과 결단이 요구됨을 강조한 바 있다.

엘닥슨이 작품 출품 과정에서 AI와의 '공동 작업(Co-creation)'임을 주최 측에 알렸던 사실 역시 시사하는 바가 크다. 이러한 '인간+AI'의 이중 저자성(dual authorship)은 기존 예술계에서는 생소한 개념이며, 현재의 저작권법 체계 또한 주로 '인간 저작자'를 전제로 하고 있어 AI 예술의 저작권 및 소유권 귀속 문제는 여전히 명확한 해답을 찾지 못한 상태다. 엘닥슨의 문제 제기는 이처럼 AI 시대에 예술 창작의 주체와 결과물에 대한 사회적, 법적, 그리고 철학적 합의가 시급히 재정립되어야 함을 극적으로 보여 주었다. 그의 도발적인 실험과 수상 거부는 사진 예술계를 넘어 현대 예술 전반이 기술 발전에 따른 예술의 정의와 범주를 어떻게 재검토하고 수용해 나가야 할지에 대한 진지한 토론의 장을 여는 중요한 계기가 되었다.

알렉산더 레벤: 인간과 AI와의 협업

알렉산더 레벤은 MIT 미디어랩 출신의 로봇공학자이자 예술가로서, 생성형 AI와 인간의 창의성이 만나는 지점을 탐구해 온 선구적인 인물이다.

그는 오픈AI의 첫 번째 레지던시 예술가로 활동하기도 했는데 , 첨단 AI 알고리즘을 예술적 도구로 전환함으로써 전통적 예술 창작 개념을 재정의하려는 시도를 이어 가고 있다. 레벤의 대표적인 프로젝트 "AI Am I?" 시리즈는 AI와 인간의 협업을 기반으로 한 창작 실험으로 잘 알려져 있다. 이 시리즈에서 레벤은 인간 예술가의 역할과 AI의 역할을 뒤바꾸는 독특한 방식을 취한다. 즉, "AI Am I?"는 AI가 꿈꾸듯 상상해 낸 예술 작품을 현실에서 작가(또는 다른 사람이) 제작하는 시리즈로, 작가는 AI에 입력할 출발 텍스트(아이디어의 씨앗)를 신중히 선별하고, GPT 기반의 텍스트 생성 AI가 이를 받아 가상의 예술 작품에 대한 서술과 해석을 포함한 문장을 출력하면, 그 내용을 토대로 실제 작품을 만들어 내는 방식이다. 평소에는 인간이 창의적 아이디어를 내고 기술을 이용해 구현하지만, 이 프로젝트에서는 AI가 아이디어를 제시하고 인간이 구현하는 형태로 기존 발상을 전복했다는 점에서 흥미로운 인간-기계 협업의 사례로 평가된다.

레벤은 이러한 실험을 통해 컴퓨터 창의성(computational creativity)이 인간의 예술적 상상력을 어떻게 확장할 수 있는지를 보여 준다. 그는 "AI는 아직 인간 창의력을 대체하기보다 인간의 의사 결정을 돕는 도구에 가깝다"면서, 생성 AI가 인간의 창작 과정을 보조하고 새로운 영감을 주는 조력자로서 작용할 수 있음을 강조한다. 실제로 레벤은 팬데믹 기간에 GPT-3와 같은 언어 모델을 '예상치 못한 조력자'로 맞이하여 시, 소설, 농담 등 다양한 글쓰기와 예술 아이디어 실험을 거듭했고, 그 결과 AI와 협업하여 조각 및 회화 작품까지 만들어 보는 창작의 지평을 넓힐 수 있었다고 고백한다. 그의 말에 따르면, 새로운 기술과 협업함으로써 "완전히 새로운 예술 형식의 출현"을 목도하게 되었으며, AI와 인간이 함께 창조하는 과정 자체가 예술의 한 형태로 자리매김하고 있다. 다만, 레벤은 AI를 창작 파트너로 활용하는 과정이 결코 자동화된 창의성을 의미하지 않음을 분명히 한다. 예를 들어, AI로부터 "그럴듯한 설명"을 얻는 일은 쉽지만, "흥미로운 결과물을 만드는 것"은 별개의 문제였다고 지적하면서, 그는 효과적인 프롬프트 작성, 즉 원하는 상상을 이끌어 내기 위한 입력 텍스트를 다듬는 창의적 작업에 수주간 몰입해야 했다고 언급한다. 이 과정은 인간 예술가의 직관과 판단, 미적 선택이 여전히 중요한 역할을 함을 보여 주며, AI는 어디까지나 새로운 아이디어를 풍부하게 하는 도구이자 협업자로 기능함을 시사한다. 이는 AI 알고리즘의 산출물과 인간의 감성적 판단이 교차하는 지점에서 창의적 협업이 가능함을 보여 주는 실증적 사례로 평가된다. 다시 말해, 레벤의 작품들은 기술이 예술 창작 과정에 미치는 영향을 탐구하는 동시에, 인간과 기계의 복합적인 상호작용을 통해 새로운 예술적 담론을 형성하고 있다.

레벤의 이러한 활동은 예술철학적 측면에서도 중요한 함의를 지닌다. 우선 예술의 본질과 범위에 대한 질문이 제기된다. AI가 제안한 아이디어를 인간이 구현한 작품은 누구의 예술이라 부를 것인가? 레벤은 자신의 프로젝트를 가리켜 인간과 AI의 "창의적 공존" 결과물이라 볼 수 있다고 하며, 궁극적으로는 예술 창작의 전통적 개념을 재정의하고자 한다고 밝힌 바 있다. 이는 예술작품의 창작 주체성(agency)을 재고하게 만든다. 작품의 구상 단계에서 AI가 주도적인 역할을 했다면, 창작의 주체를 AI로 인정해야 할지, 아니면 최종 제작과 맥락을 부여한 인간 예술가가 주체인지에 대한 논의가 필요하다. 현재로서는 창작의 주체성을 인간과 AI가 공유하는 복합 저자 모델로 보는 견해도 있지만, 법적 · 윤리적으로 명확한 합의는 아직 없다. 레벤 역시 AI와의 협업을 이어 가면서 편향성, 윤리, 소유권 및 대표성 등 해결해야 할 중요한 질문들이 산적해 있음을 언급한 바 있다. 예컨대, AI가 방대한 데이터 학습을 통해 창작에 참여하는 과정에서 저작권 침해나 데이터 편향 문제가 발생할 수 있고, AI 산출물의 미적 또는 사회적 영향에 대한 책임 소재도 분명치 않다. 이러한 윤리적 쟁점들을 투명하게 인식하고 토론하는 것이 AI-인간 협업 예술의 지속 가능한 발전을 위해 필수적이다. 레벤의 실천은 예술적 도전인 동시에 철학적 · 윤리적 성찰의 장으로서, 기술과 예술이 만나는 지점에서 우리가 무엇을 추구해야 하는가에 대한 물음을 던지고 있다.

이안 쳉과 인터랙티브 AI 설치미술 실험

싱가포르 출신의 미디어 아티스트 이안 쳉은 AI와의 협업을 통해 실시간으로 변화하고 진화하는 설치미술을 구현하는 실험을 하고 있다. 그의 작품은 관객과 작품 간의 실시간 상호작용을 중심으로 하며, AI가 스스로 진화하며 작품의 형태와 의미를 지속적으로 변형시키는 형태를 띤다.

첸은 시뮬레이션(simulation) 기반 AI를 이용해 작품의 캐릭터와 요소들이 정해진 각본 없이도 자율적으로 행동하고 진화하도록 설계했다. 관객이 작품과 상호작용하면, AI는 이를 바탕으로 계속 새로운 장면과 상황을 만들어 낸다. 그는 이를 통해 작품의 생명력을 기술적으로 구현하며, 예술 작품이 정적인 완성물이 아닌 끊임없이 변화하는 생명체와 같은 존재로 거듭날 수 있음을 증명한다(Cheng, 2019).

특히 첸은 2019년 베니스 비엔날레(Venice Biennale)에서 선보인 〈BOB(Bag Of Beliefs)〉라는 작품에서 이 실험을 명확히 보여 주었다. 이 작품은 관객의 움직임과 반응을 인지하고 학습하며 스스로 변화하는 AI 캐릭터로 이루어진 실시간 시뮬레이션이었다.

첸은 관객이 작품과의 상호작용을 통해 작품의 창작 과정에 능동적으로 참여하게 하고, AI가 그 과정에서 창의적 주체로서 함께 작동하는 새로운 형태의 협업 구조를 제시했다.

이러한 사례들은 예술 창작 과정에서 AI와 인간의 협력이 단순 기술적 수단을 넘어, 예술의 근본적 가능성을 실험하고 확장하는 도구임을 명확히 보여 준다. 각 예술가는 AI가 제공하는 창작의 새로운 방식과 미적 언어를 통해, 기존의 예술 개념과 한계를 뛰어넘는 혁신적인 실험을 진행하고 있다. 앞으로의 예술은 AI와의 협업을 더욱 적극적으로 활용하며, 전통적인 창작 방식에서 벗어나 새로운 예술 언어와 창작 구조를 구축할 것으로 기대된다.

참고문헌

서은선(2023). AI 예술의 예술적 가치 연구 : 보리스 엘닥슨의 AI 생성 작품 중심으로. 《기초조형학연구》, 24(5). 211~224쪽.

서은선(2024). 인공지능과 인간의 협업으로 탄생한 새로운 예술의 지평 - OpenAI와 알렉산더 레벤의 협업을 중심으로. 《기초조형학연구》, 25(5), 259~273쪽.

Cheng, I.(2019). *Emissaries Guide to Worlding*. Koenig Books.

Eldagsen, B.(2022). Pseudomnesia: The Electrician. https://www.eldagsen.com/pseudomnesia

Manovich, L.(2019). *AI Aesthetics*. Strelka Press.

Reben, A.(2023). Human-Machine Collaboration. https://www.areben.com

04
다양한 예술 장르와 확장 가능성

AI는 예술 장르의 경계를 넘나들며 다양한 분야에서 활용되고 있다. 시각예술에서 음악, 문학, 공연까지 AI 협업 사례가 늘어나면서 일부 예술가들이 새로운 창작 방법을 시도하고, 장르 융합을 통한 새로운 표현 방식이 등장하고 있다. 예술계 일부에서는 AI 협업을 통해 이전에는 상상하기 어려웠던 표현 방식과 감각적 경험을 창출하고 있다.

AI와 사주?

시각예술에서의 확장 가능성

생성형 AI는 시각예술 분야에서 기존 작업 방식을 크게 혁신하고 있다. 예술가들은 텍스트 입력만으로 이미지를 자동 생성하거나, 기존 그림을 변형해 새로운 형식을 제안하는 도구들을 활용하고 있다. 대표적인 사례로 제이슨 앨런(Jason Allen)이 미드저니를 통해 만든 〈스페이스 오페라 극장(Theatre D'opera Spatial)〉이 있다. 이 작품은 2022년 콜로라도 주립 박람회 디지털 아트 부문에서 대상에 선정되면서, AI 산출물도 예술 경연에서 충분히 경쟁력을 가질 수 있음을 입증했다(Roose, 2022.9.2). 예술가는 AI가 제시한 무수한 결과물을 선별·재구성하며 자신의 고유 미학을 표현했고, 이는 공정한 심사를 거쳐 가치가 인정받았다.

영국에서는 로봇 아티스트 '아이다(Ai-Da)'가 큰 주목을 받고 있다. 아이다는 카메라, 로봇 팔, 그리고 인공지능 프로그램이 결합된 시스템으로, 사람이나 사물을 관찰한 뒤 그 이미지를 분석하여 그림을 그리거나 조각을 제작한다. 인간의 직접적인 개입 없이 예술 작품을 완성한다는 점에서 기존의 예술 개념에 도전장을 내밀고 있으며, 이러한 방식은 예술계 안팎에서 기술과 창작의 경계를 둘러싼 활발한 논의를 불러일으키고 있다(Davies,

2022.4.4). 아이다의 전시는 미술계에 "창작은 어디까지 인간의 영역인가"라는 질문을 던지며, 한층 확장된 창작 지형을 보여 주고 있다.

이처럼 시각예술에서는 AI의 자동 생성 능력과 예술가의 감각이 교차하며 다양하고 생동감 넘치는 작품이 탄생한다. AI는 수많은 이미지를 학습해 표현 양식을 제안하고, 예술가는 선택과 재해석 과정을 거쳐 최종 결과물을 완성한다. 이러한 상호작용은 그동안 작가가 직접 구상하기 어려웠던 형상이나 색채 구성을 가능하게 하며, 새로운 영감을 제공한다(Manovich, 2019). 한편으로, 원본 이미지 혹은 학습 데이터의 출처 문제도 부각되고 있는데, 이는 예술의 독창성과 저작권이 어떻게 재정의되어야 하는지에 대한 과제로 남아 있다.

음악 창작에서 발견되는 혁신

음악 분야에서도 생성형 AI의 활용이 점차 가속화되고 있다. 텍스트 또는 간단한 음성 지시로부터 곡을 만들어 내는 AI는 전통적 작곡 방식에 커다란 변화를 가져왔다. 특히 구글에서 발표한 뮤직LM(MusicLM)은 사전에 학습된 대규모 데이터베이스를 기반으로 사용자 지시어에 맞춰 다양한 음악을 생성한다. 클래식, 재즈, 힙합 같은 특정 장르뿐 아니라, 몇 가지 스타일을 섞어 전혀 새로운 사운드를 구현해 낼 수도 있다. 이는 음악인에게 초안 작곡 시간을 절약하게 해 주고, 정형화되지 않은 새로운 표현 기법을 탐색할 수 있도록 돕는다.

국내에서도 AI 작곡 프로그램을 통한 실제 음원 제작이 본격화되고 있다. 엔터아츠(Enterarts)는 K-pop 스타일 음악을 AI로 프로토타입하여 시장 성공 사례를 발표했고, 이는 AI 음악이 상업적 가능성도 충분히 갖추고 있음을 시사한다(임지우, 2023.4.27). 작곡자는 AI가 제안하는 멜로디나 화성 진행을 바탕으로 인간적 감성과 디테일을 추가해 곡을 완성한다. 이 협업 방식은 대중음악뿐 아니라 사운드 아트, 설치음악 등 다양한 장르로 확장될 수 있으며, 예술가들은 음악 창작의 폭넓은 가능성을 AI를 통해 실험하고 있다.

한편, 음악에서의 AI 활용은 창작 효율성 증대와 함께 저작권 문제가 제기되는 영역이기도 하다. AI가 기존 음악을 학습해 새롭게 곡을 생성한다면, 어떤 부분이 학습 데이터의 영향을 받았는지, 그리고 저작권 범위는 어떻게 설정되어야 하는지 명확한 논의가 필요하다. 음악가들은 AI가 창출해 낸 멜로디를 어디까지 독창적으로 간주할 수 있는지, 후속 편곡의 몫은 누구에게 돌아가는지

궁금증을 제기한다. 따라서 음악 산업계는 향후 법적, 윤리적 가이드를 마련해야 하며, AI와 협업하는 작곡가의 권익 보호 방안 또한 재검토가 요구된다.

문학에서의 AI와 인간 협업

문학 분야에서도 생성형 AI가 소설, 시, 시나리오 작성에 관여하기 시작하며, 기존 글쓰기 문법을 새롭게 재편하고 있다. 특히 캐나다 작가인 스티븐 마르체(Stephen Marche)는 소설 《저자의 죽음(Death of an Author)》을 발표할 때, AI가 생성한 문장을 초안으로 활용해 서사 구조를 구성했다고 밝혔다(Comitta, 2023.5.9).

AI가 만들어 낸 글 조각을 작가가 선별하고 수정, 보완하여 하나의 작품으로 완성한 것이다. 이를 통해 AI의 서사적 제안이 인간의 문학적 통찰과 결합되어 독특한 작품이 탄생했다. 과거에도 일본에서 AI가 쓴 소설이 문학상 예선을 통과한 사례가 있어 화제가 되었는데(Nield, 2016.3.24), 이는 AI가 이미 언어적 패턴 학습을 통해 일정 수준의 문장 전개 능력을 보여 줄 수 있음을 의미한다. 작가는 AI가 제공하는 표현이나 설정을 받아들여 보다 풍부한 스토리를 구성할 수 있고, 반대로 AI가 범용적 단어 선택에 치중할 때는 인간 고유의 정서로 보완해 작품을 다듬는다. 이 협업 방식은 집필 시간을 단축시키면서도 새로운 아이디어를 지속적으로 공급받을 수 있다는 장점을 지닌다.

그러나 문학에서 AI를 도입할 때 작가의 정체성은 어떻게 확보될지가 논쟁거리로 부상한다. 서사의 대다수를 AI가 작성했다면 그 작품은 작가의 것으로 볼 수 있는가, 또는 AI와 공동 저자가 되어야 하는가 같은 문제가 제기된다. 또한 언어 데이터 출처가 광범위하기 때문에, 특정 작가나 문학 작품 스타일이 무분별하게 혼합, 차용될 가능성도 있다. 앞으로 문학계에서는 이러한 변화가 작가의 창의성을 오히려 해방할 것인지, 아니면 균질화된 표현을 양산할 위험이 있는지에 대한 폭넓은 토론이 필요하다.

공연·공간 디자인에서의 협업 진화

무대 예술이나 건축 분야에서도 AI와의 협업이 새로운 흐름으로 자리 잡고 있다. 미국의 현대무용 그룹 트로이카 랜치(Troika Ranch)는 센서와 AI 알고리즘을 결합해 무용수의 움직임을 분석하고, 이를 시각, 음향 효과로 실시간 전환하는 시스템을 선보여 공연 예술의 현장감을 높였다.

무용수 동작과 무대 환경이 즉각적으로 상호작용함에 따라 관객은 유동적인 공연 양식을 체험하게 되며, 안무가들은 AI가 제공하는 예측 불가능한 요소를 예술적으로 재해석한다.

건축 분야에서도 자하 하디드 아키텍츠(Zaha Hadid Architects)가 복잡한 곡면 디자인이나 구조적 안정성을 AI로 시뮬레이션해 혁신적 형태를 구현하고 있다. 전통적인 설계 방식으로는 상상하기 어려운 곡면이나 대담한 비정형 구조를, AI 시뮬레이션을 통해 실현 가능하게 만드는 사례가 늘고 있다. 이는 설계 과정에서 창의적 시도와 기술적 안전성 사이의 균형을 효과적으로 잡아 줄 뿐 아니라, 건축가가 한정된 시간에 더 다양한 대안을 검토하도록 돕는다.

국내 도시 정책에서도 AI 분석 결과를 반영해 효율적이고 친환경적인 공간 계획을 시도하는 움직임이 나타나고 있다. 복잡한 교통 흐름이나 인구 분포를 AI가 분석해 낸 후, 건축가와 공공기관이 협의해 최적의 도시 구조를 조정하는 식이다. 이러한 프로젝트들은 건축적 창의성과 시민 삶의 질을 균형 있게 고려하려는 목적을 갖고 있으며, 디지털 시대에 요구되는 신속하고 정교한 행정 판단에 도움을 준다.

이처럼 시각예술, 음악, 문학, 공연, 건축 등 여러 장르에서 AI를 도입해 협업을 시도하는 흐름은, 인간의 예술적 사고방식에 새로운 통찰을 제공한다. AI가 대량의 데이터를 학습해 생성적 아이디어를 도출하는 한편, 인간 예술가는 그 결과물을 선택, 재배열, 재해석하여 자신만의 미학적 특징을 구체화한다. 이러한 상호작용은 예술 창작을 더욱 다층적으로 만들며, 결과적으로 전통적 장르 구분마저 모호하게 만든다. 그러나 동시에 데이터 출처와 저작권, 윤리 문제, 예술적 정체성 변화 등의 현실적인 과제를 함께 제기한다. 결국, AI와 예술가의 협업은 기술적 가능성과 문화적 도전에 대한 종합적 해법을 요구하며, 앞으로 더 다양하고 심도 있는 시도가 쌓이면서 예술 생태계 전반이 끊임없이 진화할 것으로 기대된다.

참고문헌

임지우(2023.4.27). AI, 완전히 새로운 케이팝 산업 모델 만들 수 있어. 연합뉴스. https://www.yna.co.kr/view/AKR20230427135800005

Comitta, T.(2023.5.9). Death of an Author Prophesies the Future of AI Novels. Wired. https://www.wired.com/story/death-of-an-author-ai-bo

ok-review/
Davies, C.(2022.4.4). 'Mind-blowing': Ai-Da becomes first robot to paint like an artist. The Guardian. https://www.theguardian.com/technology/2022/apr/04/mind-blowing-ai-da-becomes-first-robot-to-paint-like-an-artist
Goodfellow, I. J., et al.(2014). Generative Adversarial Nets. In *Advances in Neural Information Processing Systems*, 27. pp. 2672~2680. MIT Press.
Manovich, L.(2019). *AI Aesthetics*. Strelka Press.
Nield, D.(2016.3.24). A novel written by AI passes the first round in a Japanese literary competition. ScienceAlert. https://www.sciencealert.com/a-novel-written-by-ai
Roose, K.(2022.9.2). An A.I.-Generated Picture Won an Art Prize. Artists Aren't Happy. *New York Times*.

05
프로세스와 방법론

AI 예술의 성공적 협업은 단순한 기술 활용을 넘어, 예술가의 명확한 창작 의도와 주체적 방법론, 그리고 AI와의 상호작용을 정교하게 설계하는 과정에 달려 있다. 이는 기술과 인간 창의성이 깊이 융합되며 예술의 본질과 실천 방식을 새롭게 탐색하는 창조적 여정이다.

AI와 아이돌?

AI 협업 창작의 다양한 방법론적 접근

AI 예술에서의 방법론이란 기술적 숙련의 문제를 넘어, 예술가가 지닌 고유의 개념적 틀, 작업 과정에 대한 철학적 태도, 그리고 AI와의 관계를 어떻게 설정하고 상호작용할 것인지에 대한 방식을 포괄하는 총체적 접근법을 의미한다. 이러한 방법론의 선택은 AI를 단순한 보조 도구로 활용하는 것부터, 예측 불가능성을 지닌 창의적 파트너로 간주하거나, 혹은 AI 기술 자체를 비판적 성찰의 대상으로 삼는 등 다채로운 양상으로 나타나며, 이는 최종 작품의 성격과 예술적 메시지를 결정짓는 중요한 토대가 된다.

많은 예술가들은 AI를 고도로 발달한 지능형 창작 도구로 인식하고, 자신의 명확하고 구체적인 예술적 비전을 효율적으로 구현하기 위해 AI의 특정 기능을 선택적으로 활용하는 방법론을 적극적으로 채택한다. 이 접근에서 AI는 예술가의 창작 의도를 실현하기 위한 수단으로 기능하며, 예를 들어 복잡한 패턴 생성, 다양한 스타일 변주, 혹은 방대한 시각 자료의 빠른 탐색 등 인간의 물리적, 시간적 한계를 보완하는 역할을 수행한다. 이러한 방법론을 따르는 예술가는 AI의 결과물에 대해 최종적인 통제권과 편집권을 행사하며, AI는 예술가의 창의성을 확장하고 표현의 범위를 넓히는 강력한 조력자로 자리매김한다. 이 경우, AI는 예술가의 숙련된 손과 눈을 대신하거나 보강하는 역할을 하며, 창작 과정의 효율성과 결과물의 완성도를 높이는 데 기여한다 (Goodfellow et al., 2014).

일부 예술가들은 AI를 단순한 도구나 수단을 넘어, 예측 불가능한 아이디어나 예상치 못한 미학적 제안을 건네는 창의적 파트너로 상정하고, AI와의 역동적인 상호작용 과정 자체에서 새로운 영감과 의미를 발견하는 협업적 방법론을 적극적으로 탐구한다. 이들은 AI의 생성 과정에 내재된 무작위성이나 의외성을 창작의 중요한 요소로 받아들이며, AI와의 대화와 실험을 통해 마치 즉흥 연주를 하듯 작품을 발전시켜 나간다. 이러한 방법론에서는 예술가의 초기 의도가 AI와의 상호작용을 통해 예기치 않은 방향으로 진화하거나 확장될 수 있으며, 그 과정 자체가 하나의 예술적 탐구가 된다. 마거릿 보덴이 언급한 창의성의 유형 중, AI는 특히 새로운 조합을 탐색하거나 기존의 개념 공간을 확장하는 데 기여하며 인간 예술가에게 새로운 탐색의 길을 열어 줄 수 있다.

또 다른 흐름의 예술가들은 AI 기술 자체의 작동 원리, 그 안에 내재한 잠재적 편향성, 그리고 AI가 우리 사회와 문화, 나아가 인간의 정체성에 미치는 광범위한 영향을 비판적으로 탐구하거나 예술의 본질에 대한 근본적인 질문을 던지는 주요한 매개체로서 AI를 활용하는 개념적 방법론을 전개한다. 이들은 AI를 활용하여 작품을 제작하는 동시에, AI라는 기술 현상 자체를 작품의 주제나 내용으로 삼아 기술과 인간의 관계, 창작의 주체성, 진정성의 문제 등을 성찰한다. 예를 들어, AI의 학습 데이터에 숨겨진 편향을 의도적으로 드러내거나, AI가 생성한 결과물의 불완전함이나 기이함을 강조함으로써 기술의 한계와 가능성을 동시에 제시하는 작업을 시도할 수 있다. 이러한 접근은 AI 시대를 살아가는 우리의 현실을 반영하고, 기술 발전에 따른 사회적 담론을 예술의 언어로 확장하는 역할을 수행한다(Manovich, 2019).

AI 협업 창작 프로세스의 이해와 설계

AI와의 협업을 통한 예술 창작 프로세스는 전통적인 창작 방식과는 다른 독특한 단계와 특성을 지니며, 각 단계에서 인간 예술가의 역할과 AI의 기능이 어떻게 조화를 이루는지에 대한 깊이 있는 이해와 의도적인 설계가 요구된다. 이 프로세스는 단순히 아이디어를 기술적으로 구현하는 것을 넘어, AI와의 지속적인 상호작용과 반복적인 실험을 통해 새로운 의미와 미학적 가치를 발견해 나가는 탐구의 과정이다. 따라서 예술가는 각 단계의 개념적 중요성을 인식하고, AI의 능력을 최대한 창의적으로 활용하면서도 자신의 예술적 주도권을 유지하는 방식으로 전체 과정을 설계해야 한다.

AI 협업 창작 프로세스는 일반적으로 아이디어 발상 및 구체화, AI를 위한 프롬프트(명령어) 엔지니어링, AI를 통한 결과물 생성, 생성된 결과물에 대한 비판적 평가 및 선택, 그리고 인간 예술가에 의한 최종적인 후반 작업 및 완성의 단계를 거치지만, 이러한 단계들은 선형적으로 진행되기보다는 AI와의 지속적인 상호작용과 반복적인 피드백 루프를 통해 유기적으로 순환하는 특징을 지닌다. 전통적 창작 과정이 예술가의 내적 심상과 숙련된 손기술을 중심으로 비교적 단일한 방향성을 가졌다면, AI 협업 프로세스는 예술가의 초기 아이디어가 AI의 제안을 통해 확장되거나 변형되고, 다시 예술가의 재해석과 추가적인 지시를 통해 발전하는 역동적인 대화의 구조를 띤다. 이 과정에서 예술가는 AI가 제공하는 무한한 가능성 속에서 자신의 창작 의도에 부합하는 최적의 경로를 끊임없이 탐색하고 선택하는 역할을 수행한다.

프롬프트 엔지니어링(prompt engineering)은 AI 협

업 창작 프로세스에서 가장 핵심적인 단계 중 하나로, 단순한 명령어 입력을 넘어 예술가의 추상적 아이디어나 미학적 비전을 AI가 이해하고 창의적으로 반응할 수 있도록 구체적인 언어적 · 시각적 기호로 정교하게 번역하고, AI와의 생산적인 창조적 대화를 이끌어 내는 핵심적인 개념적 설계 행위라 할 수 있다. 효과적인 프롬프트는 단순히 원하는 결과물을 명시하는 것을 넘어, 작품의 분위기, 스타일, 감정적 뉘앙스, 참조할 만한 예술 사조나 작가, 심지어 사용될 특정 재료의 질감까지도 다층적으로 암시할 수 있어야 한다. 이는 마치 시인이 단어를 정교하게 선택해 복잡한 감정을 불러일으키거나, 작곡가가 음표를 배열해 특정한 분위기를 조성하는 것과 유사한 창의적 작업이다. 따라서 프롬프트 엔지니어링은 AI의 기술적 특성에 대한 이해뿐만 아니라, 예술가 자신의 아이디어를 명료하게 개념화하고 이를 효과적인 언어로 전환하는 능력, 그리고 AI의 반응을 예측하고 조율하는 통찰력을 요구하는 고도의 지적 활동이다(Manovich, 2019).

AI 협업 창작 프로세스에서 예술가는 AI가 생성한 초기 결과물들을 비판적으로 평가하고, 자신의 창작 의도와 미학적 기준에 따라 피드백을 제공하며 프롬프트를 수정하거나 AI 모델의 설정을 미세하게 조정하는 반복적 순환 구조(iterative loop)를 통해 점진적으로 자신의 의도에 부합하는 최적의 결과물로 수렴해 나가는 과정을 적극적으로 활용한다. AI는 한 번의 명령으로 완벽한 결과물을 내놓는 경우가 드물기 때문에, 예술가는 AI의 제안을 일종의 '초안' 또는 '가능성의 다발'로 간주하고, 이를 바탕으로 지속적인 개선과 발전을 시도한다. 이 과정은 마치 전통적인 조각가가 돌덩이를 조금씩 깎아 내며 원하는 형상을 찾아 가거나, 화가가 캔버스에 물감을 여러 겹 덧칠하며 섬세한 색조를 만들어 내는 과정과 유사하다. 이러한 반복과 점진적 구체화의 과정 속에서 예술가는 AI와의 창조적 긴장 관계를 유지하며, 기술적 가능성과 자신의 예술적 직관 사이에서 최적의 균형점을 찾아 나간다.

성공적인 AI 협업 창작 프로세스를 설계하고 실행하기 위해서는 AI의 자동화된 생성 능력과 인간 예술가의 비판적 안목, 고유한 미적 판단, 그리고 작품에 최종적인 의미와 맥락을 부여하는 역할이 각 단계에서 어떻게 유기적으로 조화를 이룰 것인지에 대한 명확한 이해와 의식적인 고려가 필수적이다. AI는 방대한 데이터를 기반으로 다양한 시안을 효율적으로 생성할 수 있지만, 그 결과물들이 지닌 예술적 가치나 특정 맥락에서의 적절성을 스스로 판단하지는 못한다(Boden, 2004). 따라서 예술가는 AI가 제공하는 선택지들 앞에서 단순히 수동적인 수용자가 아니라, 자신의 창작 철학과 미학적 기준에 따라 적극적으로 개입하고, 때로는 AI의 제안을 넘어서는 새로운 해석과 변형을 시도하는 주체적인 역할을 수행해야 한다. 이처럼 각 단계에서 인간의 주체성이 어떻게 발휘되고 AI의 역할과 어떻게 상호 보완적인 관계를 맺을지를 명확히 설계하는 것이야말로 기술과 인간의 창의성이 진정으로 융합되는 협업 프로세스를 구축하는 핵심이라 할 수 있다.

성공적인 AI 협업을 위한 원칙과 예술가의 역할 재정의

AI와의 성공적인 예술적 협업은 단순히 기술을 능숙하게 다루는 것을 넘어, 예술가 스스로 명확한 창작 철학과 주체적인 태도를 견지하며 기술을 창의적으로 활용하고 통제할 수 있는 능력을 요구한다. AI는 강력한 가능성을 제공하지만, 그 가능성을 예술적 성취로 이끄는 것은 결국 인간 예술가의 몫이다. 따라서 AI 시대의 예술가는 변화하는 창작 환경 속에서 자신의 역할을 새롭게 정립하고, 기술과 인간의 창의성이 조화롭게 공존할 수 있는 지속 가능한 방법론을 모색해야 한다.

AI와의 협업 과정에서 예술가는 기술의 현란한 가능성에 매몰되기보다는 자신의 고유한 예술적 비전과 문제의식을 명확히 견지하고, AI가 제안하는 수많은 결과물을 비판적으로 수용하며 주체적인 창작 방향을 일관되게 설정하는 것이 무엇보다 중요하다. AI는 때로 예상치 못한 결과물을 통해 새로운 영감을 주기도 하지만, 예술가의 뚜렷한 의도와 철학이 부재할 경우 기술에 휘둘리거나 방향성을 잃기 쉽다. 따라서 예술가는 자신이 무엇을 표현하고자 하는지, 어떤 미학적 가치를 추구하는지에 대한 깊은 성찰을 바탕으로 AI를 창작의 도구이자 파트너로서 주도적으로 활용해야 하며, 기술은 어디까지나 예술가의 창조적 의지를 실현하기 위한 수단임을 잊지 않아야 한다.

효과적인 AI 협업을 위해서는 다양한 AI 모델의 기본적인 작동 원리, 각 모델이 학습한 데이터의 주요 특성, 그리고 이를 통해 발현되는 생성 능력의 강점과 명확한 한계점에 대한 깊이 있는 이해가 선행되어야 한다. 모든 AI 모델이 동일한 방식으로 작동하거나 동일한 결과물을 산출하는 것은 아니므로(Goodfellow et al., 2014), 예술가는 자신의 창작 목표와 표현하고자 하는 내용에 가장 적합한 기술적 접근 방식과 AI 모델을 신중하게 선택할 수 있어야 한다. 예를 들어, 특정 스타일의 회화를 모방하거나 생성하고 싶다면 해당 스타일에 특화된 모델을 선택하거나 파인튜닝(미세조정)하는 과정을 거칠 수 있으며, 개념적인 아이디어 생성을 원한다면 다양한 텍스트나 이미지를 조합하여 새로운 관계를 탐색하는 데 능한 모델을 활용할 수 있다. 이러한 기술적 이해는 예술가가 AI와의 협업 과정에서 발생할 수 있는 시행착오를 줄이고 창작의 효율성을 높이는 데 기여한다.

AI 협업은 새로운 기술을 탐구하고 실험하는 과정인 동시에, 예술가 자신의 고유한 미학적 표현을 심화하고 확장하는 중요한 수단이므로, 예술가는 기술적 숙련과 미학적 탐구를 균형 있게 추구하며 자신만의 독창적인 작업 방식을 적극적으로 개발해야 한다. 단순히 AI가 생성한 결과물을 그대로 사용하는 것을 넘어, 이를 자신만의 시각으로 재해석하고, 전통적인 수작업 기법이나 다른 디지털 도구와 창의적으로 결합하며, 때로는 AI의 기술적 한계나 오류까지도 예술적 표현의 일부로 포용하는 실험 정신이 필요하다. 이러한 과정을 통해 예술가는 기술에 종속되는 것이 아니라 기술을 창조적으로 전유(appropriation)하며, 자신만의 독특한 예술 언어와 스타일을 구축해 나갈 수 있다(Manovich, 2019).

AI와의 협업이 보편화되는 창작 환경은 예술가를 단순히 작품을 만들어 내는 전통적인 창작자의 역할을 넘어, 새로운 기술을 창의적으로 해석하고 예술적 맥락에 접목하는 '기술 매개자(technology mediator)', AI가 생성한 방대한 결과물 속에서 예술적 가치를 발견하고 의미를 부여하며 이를 관객에게 제시하는 '지적 큐레이터(intellectual curator)', 그리고 인간과 기계의 관계, 창의성의 본질, 기술 시대의 예술의 역할에 대해 끊임없이 질문하고 성찰하는 '개념적 사색가(conceptual ponderer)'로서의 다층적이고 확장된 역할로 이끌고 있다. 이러한 역할 변화는 예술가에게 기술적 이해뿐만 아니라 인문학적 통찰, 비판적 사고, 그리고 효과적인 소통 능력을 더욱 중요하게 요구하며, 예술가의 사회적 위상과 기능 또한 새롭게 정립될 것임을 시사한다.

마지막으로, AI를 활용한 협업 예술가는 저작권 문제, 학습 데이터의 편향성 문제, 창작 과정에서의 윤리적 책임 등 새롭게 부상하는 다양한 쟁점들에 대해 깊이 인식하고 책임 있는 태도를 가져야 하며, 기술과 인간의 창의성이 상호 존중하며 상생할 수 있는 지속 가능한 창작 생태계를 구축하기 위한 다양한 논의와 노력에 적극적으로 참여해야 한다. 예술은 시대를 반영하는 거울이자 미래를 상상하는 창이므로, AI라는 강력한 기술을 예술 창작에 활용하는 과정에서 발생할 수 있는 잠재적인 사회적, 윤리적 영향에 대한 면밀한 검토와 성찰은 건강한 AI 예술 생태계의 발전을 위해 필수적이다(Boden, 2004). 이를 통해 예술가는 기술 발전의 혜택을 창의적으로 누리는 동시에 그에 따르는 사회적 책임을 다하는 균형 잡힌 자세를 견지할 수 있을 것이다.

참고문헌

서은선(2023). AI 예술의 예술적 가치 연구 : 보리스 엘닥슨의 AI 생성 작품 중심으로. 《기초조형학연구》, 24(5). 211~224쪽.

서은선(2024). 인공지능과 인간의 협업으로 탄생한 새로운 예술의 지평 - OpenAI와 알렉산더 레벤의 협업을 중심으로. 《기초조형학연구》, 25(5), 259~273쪽.

Benjamin, W.(2007). 최성만 옮김. 《기술복제시대의 예술작품(Das Kunstwerk im Zeitalter seiner technischen Reproduzierbarkeit)》. 길.

Boden, M. A.(2004). *The Creative Mind: Myths and Mechanisms*(2nd ed.). Routledge.

Goodfellow, I. J., et al.(2014). Generative Adversarial Nets. In *Advances in Neural Information Processing Systems*, 27. pp. 2672~2680. MIT Press.

Manovich, L.(2019). *AI Aesthetics*. Strelka Press.

06
협업에 내재된 갈등과 윤리적 쟁점

AI 예술 협업이 제기하는 핵심 쟁점들을 다각도로 조명한다. 저작권은 누구에게 귀속되는가? AI가 학습한 데이터의 출처와 편향성은 어떤 윤리적 문제를 야기하는가? 예술계의 권력 구조와 접근성은 어떻게 변화하는가? 이러한 질문들은 법적 공백과 제도적 미비 속에서 예술가 개인의 윤리 의식과 예술계의 자율 규범이 갈등 해결의 핵심 열쇠가 되고 있다.

AI와 야구?

저작권과 창작 주체성: 누구의 작품인가

생성형 AI를 예술 창작 과정에 도입할 때, 가장 먼저 마주하는 쟁점은 "결과물의 권리를 누구에게 귀속시켜야 하는가"다. 전통적으로 예술 작품은 인간 작가의 독창적 아이디어가 토대가 되어야 저작권을 인정받았다(Manovich, 2019). 하지만 AI가 방대한 데이터를 학습해 독자적 형상을 만들어 낼 때, 해당 데이터 사용의 윤리적 정당성과 함께, 결과물이 인간 예술가의 창작물인지 AI 자체의 결과물인지 명확한 판단이 요구된다.

일부에서는 "AI는 단순 도구일 뿐이므로, 최종 결과물에 대한 권리는 온전히 인간 예술가에게 속한다"고 주장한다. 그러나 AI 개발사나 모델을 운영하는 플랫폼에서 "AI의 생성물에도 일정 부분 권리가 있다"며 갈등을 표출하는 사례가 늘고 있다(Floridi, 2020). 만약 AI가 특정 기업이 구축한 거대한 데이터셋을 통해 학습했다면, 그 데이터 출처와 모델 개발의 기여가 작품 권리에 영향을 미칠 수 있다는 의견도 존재한다.

공동 창작물에 대한 법률적 시각에서 많은 법률 전문가들은 "인간이 충분한 창의적 개입을 했는가"를 저작권 판단 기준으로 삼으려 한다. 즉, AI가 산출한 이미지·텍스트·음악 중 어느 부분에서 인간의 예술적 선택이 작동했는지가 핵심이다(US Copyright Office, 2023). 인간이 AI 결과물을 단순히 받아들이기만 했다면, 그 작품은 '독창적 기여'가 결여된 상태라서 법적 보호를 받지 못할 가능성이 있다. 반면, 예술가가 수많은 시안 중 특정 시안을 골라 후처리를 하고, 이를 최종 작품에 반영했다면, 인간의 저작권이 발생할 여지가 생긴다.

이러한 법리 해석은 국가나 지역별로 차이가 있으나, 최근 미국 저작권청(USCO)이나 영국 지식재산청(IPO) 등이 비슷한 입장을 내비친 바 있다. 아직 판례가 충분하지 않아, 갈등이 생길 경우 국가별 저작권법과 판결을 꼼꼼히 살펴야 할 실정이다. 예술가와 AI 개발사가 미리 계약을 체결하거나, 협업 시작 시점부터 권리 분배를 명확히 하려는 움직임도 늘고 있다(Brynjolfsson & McAfee, 2014).

알고리즘적 편향과 데이터 윤리

AI는 무수한 이미지를 크롤링하거나 텍스트 자료를 긁어모아 학습한다. 이 과정에서 원 저작자가 동의하지 않은 콘텐츠가 포함될 가능성이 높다(Floridi, 2020). 예술가는 AI를 사용하기만 했을 뿐이라도, 최종 작품이 저작권 침해나 무단 도용 논란에 휘말릴 위험이 있다는 점을 인지해야 한다. 예컨대 AI가 학습 데이터로 삼은 원본 이미지가 유명 화가의 작품이라면, 그 화풍이나 구도가 의도치 않게 '복제'되었을 소지가 있으며, 원작자가 이의를 제기할 수도 있다.

또한, AI가 특정 지역이나 문화권 자료 위주로 학습해, 편향된 시각을 재생산하는 일도 일어난다(Han, 2015). 인물 이미지를 생성했을 때 인종적 다양성을 반영하지 못하거나, 여성과 남성 캐릭터를 편견 섞인 방식으로 표현하는 문제 등이다. 예술가가 이를 간과하고 결과물을 사용한다면, 차별적 메시지를 의도치 않게 전파할 우려가 있다.

이러한 데이터 윤리 문제에 대처하기 위해, 전 세계 주요 기구나 단체에서 "AI 학습 데이터 투명성"을 강조하고 있다. 유네스코의 "인공지능 윤리 권고(Recommendation on the Ethics of Artificial Intelligence)"는 AI 개발사에게 데이터 수집 · 활용 내역을 공개하도록 권장하고, 공정성 · 다양성 · 인권 보호를 핵심 원칙으로 제시했다(UNESCO, 2021). 예술가가 이 같은 원칙을 준수하는 AI 모델을 사용한다면, 적어도 윤리적 위험을 줄일 수 있다.

특히 공공기관에서 지원하는 예술 프로젝트나 국제

전시회에 AI 작품을 출품하려면, 데이터 출처를 명시하고 저작권 침해 여부를 점검해 달라는 요구가 생길 수 있다. 예술가는 "AI가 학습한 자료가 합법적으로 확보된 것인가"를 확인해야 하며, 편향 문제에 대비해 최종 산출물을 꼼꼼히 검수해야 한다. 이를 위해 작가가 AI 모델 개발사의 프로그램 내용을 숙지하고, 데이터셋의 성격을 어느 정도 이해하는 것이 필요하다(Brynjolfsson & McAfee, 2014).

공적 제도와 자율 규범

유럽연합(EU)은 AI 전반을 규제하기 위한 '인공지능법(AI Act)'을 제정했으며, 위험도에 따라 AI를 분류하여 고위험 시스템에는 엄격한 승인을 요구하고, 저위험·무해한 시스템에는 비교적 자유를 부여하려 한다(European Commission, 2021). 예술 창작용 AI가 '고위험' 범주에 포함될 가능성은 낮지만, 추후 규제가 강화될 경우 예술가가 AI를 도입하는 과정에서 필수 절차나 윤리 교육을 이수해야 할 수도 있다.

미국에서는 저작권청(USCO)이 2023년 발표한 질의응답(Q&A)을 통해 "인간적 기여가 없는 AI 생성물은 저작권 보호 대상이 될 수 없다"는 견해를 공식화했다(US

Copyright Office, 2023). 이는 AI 예술 작품이 저작권 등록을 시도할 때, 얼마나 인간적 창작성을 입증할 수 있는지가 관건이 됨을 시사한다. 아울러 미국 여러 주(州)에서 데이터 크롤링 규제를 검토하는 움직임이 있어, 저작권 침해를 우려하는 아티스트가 AI 모델 사용을 회의적으로 바라보는 경우도 발생한다.

AI 협업 예술가들이 스스로 가이드라인이나 윤리 헌장을 만드는 사례도 늘고 있다(Seo, 2023). 예컨대 'AI 아트 커뮤니티'라는 비공식 모임에서, 작품 설명문에 AI 활용 범위를 기재하도록 규정한다거나, 편향적 산출물이 발생하지 않도록 프롬프트 작성 시 주의할 점을 공유한다. 이러한 자율 규약은 법적 구속력은 없지만, 예술인 사이에서 "스스로 윤리를 지켜 가자"는 문화를 형성해 분쟁과 오해를 예방하는 효과가 있다.

공연 예술 단체도 비슷한 흐름이다. 무대에서 AI를 활용할 때, 관객 이미지나 음성이 수집·분석되지 않도록 조심하고, 수집된 데이터를 공연 이후에는 폐기하거나 적법한 절차로 관리해야 한다. 일부 페스티벌에서는 AI가 관객 반응을 실시간 시각화하는 코너를 운영하면서도, 사진 촬영·녹음에 대한 동의를 명확히 구하도록 했다. 결국 예술계가 주도적으로 윤리 관점을 확립한다면,

외부 규제나 사회적 우려를 완화하는 데 도움이 될 것이다(Brynjolfsson & McAfee, 2014).

윤리·제도적 관점에서의 과제

AI와 예술의 결합이 당면한 문제는 저작권 · 데이터 윤리 · 편향 시정 등으로 요약할 수 있다. 예술가는 "AI가 어떻게 만들어졌고, 어떤 데이터를 사용했는지"를 최소한의 수준이라도 이해해야 하며, 그로부터 발생할 도덕적 · 법적 리스크를 인지할 필요가 있다(Manovich, 2019). 법률과 제도는 뒤따라오는 경향이 크므로, 작가 개인과 단체가 먼저 자율적 가이드라인을 세우고, 윤리적 책임을 다하려는 태도를 갖춰야 한다.

한편, 국제적인 차원에서 AI 규범이 확립될수록, 예술계도 해당 규칙에 따라 데이터 접근 방법이나 생성물 활용 방식을 변경해야 할 가능성이 크다(European Commission, 2021). 이는 예술 창작 환경을 제한하는 결과를 낳을 수도 있지만, 반대로 불확실성을 줄이고 창작물의 저작권 문제를 명확히 하여, AI 예술이 정당하게 보호받는 길을 열어 줄 수도 있다. 따라서 향후 예술가들은 협업 모델뿐 아니라 윤리 · 제도 인프라에도 관심을 기울이며, 건설적인 대안과 정책 제안에 참여하는 것이

바람직하다(Brynjolfsson & McAfee, 2014)

참고문헌

서은선(2023). AI 예술의 예술적 가치 연구 : 보리스 엘닥슨의 AI 생성 작품 중심으로. 《기초조형학연구》, 24(5). 211~224쪽.

Brynjolfsson, E., & McAfee, A.(2014). *The Second Machine Age: Work, Progress, and Prosperity in a Time of Brilliant Technologies*. W.W. Norton & Company.

European Commission(2021). Proposal for a Regulation Laying Down Harmonised Rules on Artificial Intelligence (Artificial Intelligence Act). https://eur-lex.europa.eu

Floridi, L.(2020). *The Logic of Information: A Theory of Philosophy as Conceptual Design*. Oxford University Press.

Han, B.-C.(2015). *The Transparency Society*. Stanford University Press.

Manovich, L.(2019). *AI Aesthetics*. Strelka Press.

UNESCO(2021). Recommendation on the Ethics of Artificial Intelligence.

US Copyright Office(2023). Copyright Registration Guidance: Works Containing AI-Generated Material. https://www.copyright.gov

07
관계성의 미학

AI가 예술 생태계에 개입하면서 전통적인 작가–작품–관객의 고정된 삼각 구도는 해체되고 있다. 관객은 수동적 감상자에서 능동적 참여자로, 작가는 완결된 작품의 제작자에서 유동적 경험의 설계자로 역할이 전환된다. 이러한 관계성의 재편은 예술의 본질을 고정된 결과물에서 상호작용하는 과정으로 변화시키고 있다.

AI와 윤동주?

전통적 "작가-작품-관객"의 의미 재고

예술의 역사는 작가-작품-관객의 삼각 구도로 설명되어 왔다. 작품은 작가의 표현 의지를 담은 결과물이고, 관객은 이를 수동적으로 감상하거나 해석하는 위치에 존재했다. 그러나 디지털 기술이 발전하고 AI가 예술 창작 과정에 참여하게 되면서, 이 전통적 구도가 흔들리고 있다(Han, 2015). AI는 단지 결과물을 만드는 데 머물지 않고, 관객과 실시간으로 상호작용하기도 하며, 관람 경험 자체를 변형하기도 한다.

예컨대 온라인 전시 플랫폼에서 관객이 직접 프롬프트를 입력해 작품 일부를 변형할 수 있게 만든 사례가 있다. 작가는 기본 틀을 제시하되, 관객이 AI와 대화를 나누어 색채나 구도를 다르게 설정할 수 있도록 허용한다. 이때 관객은 작품의 공동 창조자 역할을 수행하며, 전통적 관람 태도를 넘어선다(Barrett, 2022). AI가 여기서 관객 요청을 실시간으로 반영해 새로운 이미지를 생성하기 때문에, 작품이 고정되지 않고 끊임없이 변화한다.

디지털 시대 예술가는 더 이상 완성된 결과물을 일방적으로 제시하는 창작자가 아니다. AI와 협업으로 작품을 만들어 내기도 하지만, 관객의 참여 방식까지 설계하는 '환경 조성자(facilitator)'가 될 수 있다(Brynjolfsson

& McAfee, 2014). 관객이 작품을 건드리는 행위가 곧 창작 과정의 일부가 되고, 작가는 이를 지켜보며 필요할 때마다 개입하거나 가이드라인을 제시한다. 이는 예술가의 권위가 약화되는 것이 아니라, 오히려 새로운 형태의 권한과 책임을 부여받는 과정이다.

상호작용의 심화: 관객 참여와 AI 매개

공연 예술에서 AI가 관객 반응을 분석해 무대 조명이나 영상 효과를 즉각 조정한다면, 관객은 공연 흐름에 적극적으로 영향을 끼치게 된다.

예술가는 공연 전반을 설계하되, 실제 현장에서 관객의 반응이 AI에 의해 해석되어 예상치 못한 전개가 벌어질 수도 있다는 점을 전제로 작업을 준비한다(Manovich, 2019). 관객은 단순히 앉아서 공연을 수용하는 입장이 아니라, 배우나 무용수의 일부분이 된 듯한 체험을 한다.

이런 상호작용을 통해 공연이나 전시는 "고정된 완성물"이 아니라 "유동적 과정"으로 성격을 바꾼다. AI가 무대의 음향이나 영상을 실시간으로 재조합함으로써 매회 공연이 다르게 진행되고, 관객은 반복 관람을 하더라도 매번 새로운 경험을 얻게 된다(Han, 2015). 이는 관객의 몰입도와 호응을 높이지만, 동시에 작가나 제작진이 예측 불가능한 순간에 대비해야 함을 의미한다.

AI는 이처럼 예술가와 관객을 이어 주는 "매개자(mediator)" 역할을 할 수 있다. 전시 공간에서 관객이 AI에게 질문을 던지면, 기계가 즉석에서 시각적 답변을 생성하고, 작가는 관객이 만든 결과물을 보고 추가 코멘트를 달 수도 있다. 과거에는 작가와 관객이 물리적으로 만나거나, 관객이 작품을 일방적으로 해석하는 방식이었다면, 이제는 디지털 · 네트워크를 통해 "삼각 대화"가 실현되는 셈이다(Barrett, 2022).

이처럼 관계성이 확장되면 예술가의 작업 범위도 늘어난다. 단순히 물성(물감을 칠하거나, 조각을 깎는 등)을 다루던 예술가가, 관객의 반응 데이터를 해석하고, 그걸 다시 AI에 입력하거나 결과물을 조정하는 복합적 역할을 수행하게 된다. 작품은 물리적 실체를 넘어 디지털 환경 안에서 끊임없이 재생산되는 '이벤트'가 되고, 관객은 소비자와 생산자의 경계를 넘나드는 프로슈머(prosumer) 지위에 위치한다(Han, 2015).

관계성 재편이 주는 함의와 전망

디지털 시대에는 작가-작품-관객 사이에 AI라는 새로운 축이 추가됨에 따라, 예술이 갖는 개념 자체가 달라지고 있다. 전에는 작가가 창조하고, 작품이 고정된 형태로 존재하며, 관객이 감상했다면, 이제는 작품이 유동적으로 변화하며, 관객도 생성 과정에 개입하여 새로운 결과를 만들어 낸다. 이는 "예술이 어디서부터 어디까지인가"라는 전통적 질문에 대한 패러다임 전환을 예고한다(Manovich, 2019).

작가와 관객의 경계가 모호해지면서, 일부 예술 이론가는 "관객 또한 작가"라는 급진적 주장을 펼치기도 한다. 예술 창작의 결과가 이미 완성된 기성품이 아니라, 상호작용으로 발생하는 일종의 '과정(process)'에 더 가깝다면, 그 과정에 기여한 모든 참여자가 창작 행위의 일원이라는 논리다. 물론 이는 예술가의 역할이 사라진다는 뜻이 아니라, 새로운 형태의 권한 분산이 일어난다는 의미로 해석하는 것이 타당하다(Barrett, 2022).

결국 디지털 시대의 예술가-관객-AI 삼각 구도는 앞으로 더 복잡해지고 다채로워질 전망이다. AI 기술이 더욱 정교해지고, 대규모 데이터 처리 능력이 향상되면, 관객의 미묘한 감정 변화까지도 실시간으로 분석·반영하는 예술 경험이 가능해질 수 있다(Brynjolfsson & McAfee, 2014). 이는 긍정적 측면에서 "극도로 개인화된 예술 체험"을 만들어 낼 것이며, 한편으로는 "인간이 통제하기 어려운 수준으로 기술이 개입한다"는 우려도 낳을 수 있다.

결론적으로, 관계성의 미학이 재편되는 현상은 예술가에게 새로운 도전이자 기회이며, 관객에게는 예술과 더 깊이 교류할 통로를 제공한다. AI가 그 중간에서 매개자로 기능함으로써, 예술이 일방통행식으로 소비되던 전통적 구조가 해체되고, 모두가 함께 만드는 창조의 장이 형성된다고 볼 수 있다. 그러나 이 과정에서 발생하는 윤리적 · 문화적 질문도 무시할 수 없으므로, 예술계와 기술계, 그리고 관객 모두가 열린 대화와 신중한 접근을 할 필요가 있다(Han, 2015).

참고문헌

Barrett, T.(2022). Posthuman Aesthetics and the Networked Society. *Journal of Digital Culture, 14*(3), 45~59.

Brynjolfsson, E., & McAfee, A.(2014). *The Second Machine Age: Work, Progress, and Prosperity in a Time of Brilliant Technologies*. W.W. Norton & Company.

Han, B.-C.(2015). *The Transparency Society*. Stanford University Press.

Manovich, L.(2019). *AI Aesthetics*. Strelka Press.

08
현대 예술가의 정체성과 관계성 확장

AI 시대에 예술가의 정체성은 어떻게 재정의되는가? AI는 단순한 도구를 넘어 감성적 파트너가 되고, 예술가는 창작자이자 큐레이터, 감독의 역할을 동시에 수행한다. 이러한 정체성의 다층화는 예술가에게 새로운 책임과 창작적 가능성을 동시에 부여하고 있다.

AI와 한의학?

기술 도구에서 감성적 파트너로

과거 예술가는 붓, 카메라, 컴퓨터 그래픽 소프트웨어 등 일방적인 도구를 활용해 작품을 만들어 왔다. 그러나 생성형 AI가 급부상하면서, 작가는 기술을 그저 사용하는 차원을 넘어 감성적 · 심미적 파트너로 삼기 시작했다(Colton & Wiggins, 2012). 예를 들어 AI가 생성한 이미지나 음악이 작가를 단순 보조하는 데 그치지 않고, 작업 전체의 정서를 좌우하거나, 의외의 미적 통찰을 제안하는 역할을 맡을 수 있다.

이는 예술가에게 "내가 창작 주체성을 어느 만큼 기계와 공유할 수 있는가"라는 근본적인 질문을 던진다. 일부 작가는 인간의 감각이 결국 우위에 있다고 보면서 AI를 도구로 한정한다. 다른 예술가는 AI에 상당한 자율성을 부여해, 자신도 예측하지 못한 결과물을 인정하고 이를 바탕으로 작품을 전개한다(Manovich, 2019). 어느 쪽이든 과거와 달리 기술 자체가 일종의 대등한 파트너가 될 수 있다는 인식이 퍼지고 있으며, 이는 예술가 정체성을 확장한다.

비대면 공연과 온라인 전시의 확대

코로나19 이후 비대면 문화가 확산되면서, 온라인 전시나 공연이 일반화되었다. 이때 AI는 관객 참여도를 높이거나, 공연 무대를 대체 · 보완하는 기술로 주목받았다. 예컨대 온라인 플랫폼에서 실시간으로 관객 반응을 수집해 영상 효과를 조정한다거나, 관람객이 원하는 장면을 AI가 즉석에서 생성해 보여 주는 시도가 존재한다. 예술가 입장에서는 물리적 공간 제약 없이 전 세계 관객과 교류할 수 있다는 장점이 있다(Barrett, 2022).

AI가 제시하는 다양한 양식 변환, 음향 효과 조정 기능은 비대면 공연에 몰입감을 더해 준다. 음악 공연이라면 관객이 채팅창에 특정 단어나 이모티콘을 입력하면, AI가 무대 장면에 즉각 반영하여 배경 색상을 바꾸거나 추가 음원을 삽입하는 식의 상호작용도 가능하다. 이런 과정에서 예술가는 기존 무대에서 할 수 없었던 다채로운 실험을 펼칠 수 있으며, 관객은 집에 앉아 공연의 '공동 연출자'가 될 수 있다(Brynjolfsson & McAfee, 2014).

예술가 정체성의 다층화와 역할 변화

AI가 초안을 생성하고, 작가는 그중 가치 있는 요소를 선택, 편집, 재구성하는 흐름이 되면서, 예술가는 기존의 창작자 역할에서 한 걸음 더 나아가 "큐레이터이자 감독"의 지위까지 겸하게 된다(Manovich, 2019). AI가 무수히 뽑아낸 결과물을 단순히 골라내는 데서 그치지 않고, 아예 독립된 예술 언어로 재조합하는 과정을 통제·설계하는 능력과 안목이 필요해지는 것이다. 이는 예술가의 책임과 재량이 동시에 커진다는 의미다.

무대 예술에서도 마찬가지로, AI가 만든 음향·영상·조명 효과 중 무엇을 채택할지 최종 결정권은 인간에게 있다. 공연 전 과정을 감독하는 예술가는 기술적으로나 예술적으로 AI 산출물에 대한 안목을 갖춰야 하며, 관객 반응까지 실시간으로 반영해 작품 완성도를 높여야 한다. 결과적으로, 예술가 정체성은 "작업실에 고립되어 혼자 그림 그리는" 전통적 이미지를 넘어, 디지털 환경에서 다양한 요소를 종합하는 총체적 디렉터에 가깝게 변모한다(Colton & Wiggins, 2012).

이처럼 예술가가 AI와 깊이 협력하고, 관객까지 창작 프로세스에 끌어들일 수 있는 시대가 열렸지만, 이 관계성 확장이 늘 장밋빛 미래만 보장하는 것은 아니다. AI 의존도가 높아지면 예술가 고유의 감각이 약화된다는 우려가 있고, 관객이 지나치게 능동적인 역할을 하게 될 경우 작품 통일성이 저하될 위험도 있다(Barrett, 2022).

결국 현대 예술가는 AI와의 협업을 통해 창작 방식과 역할에 변화를 경험하고 있다. 기술 발달이 안겨 준 새로운 가능성을 활용하면서도, 그에 따른 윤리적, 미학적, 실용적 과제들을 함께 고민해야 하는 상황이다. 예술가가 AI라는 파트너와 시시각각 대화하며 작품을 변화시키는 방식은, 기존 창작 방법론의 확장이자 디지털 시대 예술가가 선택할 수 있는 새로운 작업 형태라고 할 수 있다.

참고문헌

Barrett, T.(2022). Posthuman Aesthetics and the Networked Society. *Journal of Digital Culture, 14*(3), 45~59.

Brynjolfsson, E., & McAfee, A.(2014). *The Second Machine Age: Work, Progress, and Prosperity in a Time of Brilliant Technologies.* W.W. Norton & Company.

Colton, S., & Wiggins, G. A.(2012). Computational Creativity: The Final Frontier?. In *Proceedings of the 21st European Conference on Artificial Intelligence.* pp. 21~26. IOS Press.

Manovich, L.(2019). *AI Aesthetics.* Strelka Press.

09
창작 실험과 기술적 구현

생성형 AI를 활용한 예술 작업에서는 작가의 명확한 주제의식과 스토리텔링이 선행되어야 하며, 이를 바탕으로 AI 결과물을 선별하고 재해석하는 과정이 핵심이다. 평면 · 영상 작업에서 AI 생성물에 아날로그 요소를 더하고 시행착오를 체계적으로 기록하는 과정은 기술적 오류조차 창의적 기회로 전환하며, 예술가와 AI의 협업에 새로운 예술적 가능성을 열어 준다.

AI와 화장품?

프로젝트의 시작

성공적인 AI 협업 예술 프로젝트는 무엇보다 예술가 자신의 명확한 주제 의식과 탐구하고자 하는 구체적인 개념 설정에서 그 첫걸음을 뗀다. AI는 강력한 표현 도구이자 창의적 영감을 주는 파트너가 될 수 있지만, 어떤 이야기를 하고 싶은지, 무엇을 탐구하고 싶은지에 대한 근본적인 질문과 방향성은 온전히 인간 예술가의 몫이기 때문이다. 따라서 기술적 실험에 앞서 자신이 AI라는 새로운 매체를 통해 어떤 예술적 질문을 던지고 어떤 미학적 경험을 창출하고자 하는지를 명확히 하는 것이 프로젝트의 성패를 좌우하는 가장 중요한 출발점이라 할 수 있다. 필자의 경우, 현대 사회의 변화된 '관계성'과 개인의 존재 방식인 '핵개인화' 현상을 예술적으로 탐구하고자 하는 뚜렷한 주제 의식을 가지고 있었으며, 이를 시각적으로 기록하고 표현하는 데에서 이미지 생성형 AI의 가능성에 주목했다.

초기 아이디어 구상 단계에서는 AI를 일종의 '개념 스케치 파트너(concept sketch partner)'로 활용하여 다양한 시각적 가능성을 자유롭게 탐색하고, 이를 바탕으로 작품의 구체적인 방향성을 점진적으로 수립해 나가는 과정이 매우 효과적이다. 처음부터 완벽한 결과물을 기대하기보다는, 핵심 키워드나 간단한 스케치를 AI에 입력하여 다양한 시안을 빠르게 생성해 보고 그 반응을 살피는 소규모 테스트를 반복하는 것이 좋다. 이러한 탐색적 실험을 통해 예술가는 AI 모델이 특정 주제나 스타일에 대해 어떤 방식으로 반응하는지, 어떤 종류의 이미지를 생성하는 데 강점이 있는지, 그리고 자신의 초기 아이디어와 AI의 제안 사이에 어떤 창의적 접점이 있는지를 파악할 수 있다. 필자 역시 〈도자기 인간 시리즈〉를 구상할 초기 단계에서 '인간 형상', '도자기 질감', '균열' 등의 핵심 키워드를 중심으로 미드저니에 다양한 프롬프트를 입력하며 수많은 이미지를 생성해 보고, 그중 작품의 주제 의식을 가장 잘 반영하면서도 미학적으로 흥미로운 결과물들을 선별하여 아이디어를 구체화해 나갔다.

작품의 주제와 표현 의도가 어느 정도 구체화되었다면, 다음으로는 프로젝트의 성격과 목표에 가장 적합한 AI 도구를 신중하게 선택하고 각 도구의 기본적인 특성과 강점을 충분히 이해하며 실험해 보는 과정이 필수적이다. 현재 텍스트 생성에는 오픈AI의 챗GPT가, 이미지 생성에는 미드저니, 스테이블 디퓨전(Stable Diffusion), 그리고 챗GPT에 통합된 달리 등이 널리 활용되고 있으며, 최근에는 동영상 생성 AI인 소라 및 클링(Kling)까지 등장하여 예술가들에게 더욱 폭넓은 선택지를 제공하고 있다(Hu, 2023). 각 AI 모델은 학습 데이터와 알고리즘의 차이로 인해 생성하는 결과물의 스타일, 품질, 그리고 제어 가능성 면에서 각기 다른 특성을 지니므로, 예술가는 자신이 구현하고자 하는 작품의 성격에 맞춰 여러 도구를 직접 사용해 보고 그 장단점을 파악하여 주력 도구를 선정하거나 혹은 여러 도구를 창의적으로 조합해 활용하는 전략을 세울 필요가 있다. 예를 들어, 필자는 〈촉화관계 시리즈〉에서 인간 사이의 미묘한 접촉의 순간을 포착하기 위해 챗GPT의 달리를 활용해 초기 아이디어를 얻고, 이후 영상의 회화적 표현을 위해 소라를 실험적으로 사용하기도 했다. 이처럼 다양한 AI 도구의 특성을 이해하고 이를 자신의 창작 목표에 맞게 선택하고 조합하는 능력은 AI 시대 예술가에게 요구되는 중요한 역량 중 하나다.

창작 실행

프로젝트의 주제 의식과 사용할 AI 도구를 결정했다면, 본격적으로 AI와의 협업을 통해 아이디어를 시각적 또는 다른 형태의 예술적 결과물로 구체화하는 창작 실행 단계에 돌입한다. 이 단계에서는 예술가의 명확한 의도를 AI가 이해하고 반응할 수 있는 언어로 번역하는 프롬프트 엔지니어링, AI를 통해 다양한 시안을 생성하고 그 결과물을 비판적으로 검토하는 과정, 그리고 생성된 결과물에 인간 예술가만의 독창적인 해석과 표현을 더하여 작품의 완성도를 높이는 '인간의 예술적 개입'이 유기적으로 순환하며 이루어진다. 이 모든 과정은 단순한 기술적 조작을 넘어, 예술가의 깊이 있는 미적 판단과 끊임없는 창의적 결단이 실시간으로 요구되는 능동적이고 역동적인 창작 행위다.

정교한 프롬프트 엔지니어링은 예술가의 내면에 있는 추상적인 아이디어나 복잡한 개념을 AI가 효과적으로 해석하고 창의적으로 반응할 수 있도록 구체적이고 섬세한 언어적 · 시각적 명령어로 변환하는 핵심적인 과정이다. AI는 인간의 언어를 문맥과 뉘앙스까지 완벽하게 이해하는 것이 아니라, 입력된 텍스트의 패턴과 핵심 키워드를 기반으로 학습 데이터 속에서 통계적으로 가장 가능성이 높은 결과물을 조합하여 제시하므로, 예술가는 자신의 의도를 명확하고 다층적으로 전달할 수 있는 프롬프트를 설계해야 한다. 예를 들어, 필자의 〈도자기 인간 시리즈〉에서는 단순히 "도자기 같은 사람"이라는 모호한 프롬프트 대신, "연약하지만 그 안에서 빛을 발하는 백자 피부를 지닌 인간 형상(porcelain-skin humanoid, translucence glaze)"이라는 기본 개념에 더하여, 표현하고자 하는 재료의 특성인 "미세한 균열 질감(subtle crackle)"이나 특정 카메라 렌즈를 사용했을 때 나타나는 "매크로 렌즈 특유의 심도 표현(Hasselblad H6D-100c with 120mm macro lens)" 등 원하는 질감, 분위기, 심지어 촬영의 기술적 조건까지 구체적으로 명시함으로써 AI가 보다 정교하고 작가의 의도에 부합하는 이미지를 생성하도록 유도했다. 또한, 〈미키 시리즈〉에서는 저작권 문제를 창의적으로 해결하고 동시에 특정 캐릭터가 지닌 문화적 상징성을 비판적으로 재해석하기 위해, 캐릭터의 직접적인 명칭을 사용하는 대신 "둥근 실루엣의 귀(round silhouette ears)"와 같은 형태적 특징만을 간접적으로 암시하는 키워드를 사용했다. 여기에 더하여 의도적으로 매우 과장되고 변형된 이미지를 얻기 위해 미드저니의 스타일라이즈(stylize) 매개변수 값을 일반적인 사용 범위를 넘어선 '--stylize 500' 이상으로 높게 설정하는 등, 프롬프트는 단순한 지시를 넘어 AI의 반응을 창의적으로 조율하고 예술가의 개념적 의도를 투영하는 전략적 도구로서 기능했다.

AI를 통해 만족스러운 예술적 결과물을 얻기 위해서

는 한 번의 완벽한 프롬프트 입력을 기대하기보다, AI가 생성한 초기 결과물들을 비판적으로 검토하고 이를 바탕으로 프롬프트를 점진적으로 수정·보완하며 원하는 미학적 지점에 근접해 나가는 반복적인 '대화와 실험의 과정'을 거치는 것이 일반적이다. 예술가는 AI가 생성한 여러 시안들 중에서 자신의 창작 의도와 미학적 기준에 가장 부합하거나 새로운 영감을 주는 것을 선택하고, 동시에 부족한 부분이나 수정이 필요한 지점을 면밀히 파악하여 프롬프트에 추가적인 지시를 더하거나 특정 스타일, 구도, 색감, 혹은 분위기 등을 강조 또는 배제하는 방식으로 AI와의 창조적 상호작용을 지속한다. 예를 들어, 〈촉화관계 시리즈〉에서 달리를 통해 "머리 위에서 촛농이 떨어지는 효과(Candlesticks falling from the top of your head effect)"라는 초현실적인 초기 시각 아이디어를 얻었지만, 생성된 이미지가 다소 평면적이고 정적인 느낌이 강하다고 판단되어, 이를 영상이라는 매체로 확장하여 시간의 흐름 속에서 변화하는 감정의 역동성을 담아내고자 했다. 이를 위해 소라를 활용해 약 5초 분량의 짧은 영상을 10개 정도 제작하고, 그 영상 프레임들 중에서 회화적 느낌과 작품의 주제 의식이 가장 강렬하게 응축된 핵심 프레임을 선별적으로 추출하여 다음 단계의 작업으로 발전시키는 다단계적 접근 방식을 취했다. 이처럼 AI가 생성한 결과물은 그 자체로 최종적인 완성품이라기보다는 인간 예술가의 창의적 개입과 미적 판단을 기다리는 일종의 풍부한 '시각적 재료' 또는 '잠재적 가능태'로 볼 수 있으며, 예술가는 이러한 가능태들을 능동적으로 조합하고 창의적으로 변형하며 자신의 고유한 예술적 비전을 구체적인 형태로 빚어 나간다.

AI가 생성한 다양한 결과물들을 면밀히 선별하고 그 위에 인간 예술가만이 불어넣을 수 있는 독창적인 표현과 깊이 있는 해석을 더하는 '인간의 예술적 개입'은 AI 협업 창작 과정에서 작품의 최종적인 완성도와 예술적 깊이를 결정짓는 매우 중요하고도 본질적인 단계다. AI는 알고리즘과 학습 데이터를 기반으로 수많은 이미지를 빠른 속도로 효율적으로 생성할 수 있지만, 그중 어떤 이미지가 특정한 예술적 가치를 지니는지, 그리고 작품 전체의 주제 의식과 개념적 맥락 안에서 어떤 의미와 기능을 수행하는지를 판단하는 것은 전적으로 인간 예술가의 숙련된 심미안과 비판적 사고 능력에 달려 있다. 필자의 경우, AI가 생성한 디지털 이미지를 단순히 화면 속 결과물로만 활용하기보다는, 이를 실제 캔버스나 고급 인화지 등에 옮겨 출력한 후, 그 위에 전통적인 미술 재료인 파스텔, 오일 스틱, 혹은 투명 유약과 미세한 파우더 안료를 섬세하게 혼합한 커스텀 미디엄 등을 사용하여 직접적인 수작업을 더함으로써 디지털과 아날로그의 경계를 창의적으로 넘나드는 독특한 질감과 풍부한 감정적 분위기를 창출하고자 했다. 이러한 섬세한 아날로그적 후처리는 AI 생성물이 때때로 지닐 수 있는 차갑거나 비인격적이고 평면적인 느낌을 효과적으로 완화하며, 작가의 신체적 개입과 감성적 숨결, 그리고 시간의 흔적을 작품에 깊이 불어넣음으로써 기술적 결과물을 독창적이고 인간적인 예술 작품으로 최종적으로 승화시키는 결정적인 역할을 수행한다. 결국 AI와의 예술적 협업은 단순히 새로운 기술의 가능성을 탐색하는 것을 넘어, 그 기술을 인간의 고유한 창의성과 어떻게 조화롭게 융합해 이전에는 없던 새로운 미학적 가치와 깊이 있는 예술적 경험을 창출할 것인가에 대한 예술가의 끊임없는 철학적 고민과 치열한 실험 정신이 응축된 과정이라 할 수 있다.

시행착오, 그 의미와 지속적 협업

AI와의 협업을 통한 창작 과정은 빛나는 성공의 순간뿐만 아니라 수많은 시행착오와 그 해결을 위한 노력의 연속이며, 이러한 전 과정을 기록하고 성찰하며 최종 결과물을 공유하는 것은 AI 시대 예술가에게 더욱 중요해진 과제다. 단순히 기술적으로 완성도 높은 결과물을 제시하는 것을 넘어, AI와 어떤 방식으로 상호작용했고 그 과정에서 어떤 창의적 발견과 어려움이 있었는지, 그리고 이를 통해 예술가 자신은 무엇을 배우고 탐구했는지를 관객과 소통함으로써 작품의 의미는 더욱 풍부해지고 AI 예술에 대한 사회적 이해도 깊어질 수 있다. 또한 이 과정은 예술가 스스로 다음 창작을 위한 귀중한 밑거름을 마련하는 기회가 된다.

AI 협업 창작 과정에서 예술가는 예상치 못한 기술적 한계나 의도와 다른 결과물에 직면하는 등 다양한 시행착오를 경험하게 된다. 예를 들어, 특정 AI 모델이 예술가의 복잡한 프롬프트를 제대로 이해하지 못하고 전혀 엉뚱한 이미지를 생성하거나, 저작권이 있는 특정 캐릭터의 변주를 시도할 때 AI 필터에 의해 생성이 차단되거나 의도치 않은 형태로 왜곡되는 경우가 발생할 수 있다. 필자가 〈미키 시리즈〉를 작업할 당시, 저작권 문제를 창의적으로 해결하고 독창적인 변주를 시도하기 위해 캐릭터의 직접적인 명칭 대신 '둥근 실루엣의 귀(round silhouette ears)'와 같은 간접적인 형태적 속성을 비유적 언어로 입력하는 방식을 사용했는데, 이는 AI의 제약을 창의적으로 우회하려는 노력의 일환이었다. 또한, 〈촉화관계 시리즈〉에서 달리로 생성한 초기 이미지가 다소 평면적이라는 한계를 느껴, 이를 극복하기 위해 소리를 활용하여 짧은 영상을 제작하고 그중 회화성이 뛰어난 프레임을 추출하여 수작업을 더하는 다단계적 접근을 시도하기도 했다. 이처럼 시행착오는 단순히 실패가 아니라, 예술가로 하여금 새로운 해결책을 모색하고 AI 도구의 특성을 더 깊이 이해하며 자신만의 창의적인 작업 방식을 개척해 나가도록 이끄는 중요한 계기가 될 수 있다. 이러한 과정을 체계적으로 기록하고 분석하는 것은 향후 유사한 문제에 직면했을 때 참고할 수 있는 소중한 자산이 된다.

이러한 창작 과정과 그 결과물을 관객과 효과적으로 공유하고 소통하는 방식 또한 AI 시대 예술가에게 중요한 고민거리다. 완성된 작품만을 제시하기보다는, 작품이 탄생하기까지의 아이디어 발상 과정, 주요 프롬프트 예시, AI가 생성한 중간 결과물들, 그리고 예술가의 후반 작업 내용 등을 전시 설명문이나 도록, 또는 작가 노트의 형태로 함께 제공함으로써 관객은 작품을 더욱 깊이 있게 이해하고 AI와의 협업 과정을 간접적으로나마 경험할 수 있다. 필자 역시 박사연구에서 각 연작의 제작 배경과 의도, 사용된 AI 도구와 프롬프트 설계 과정, 그리고 수작업을 통한 최종 완성 과정을 상세히 기술함으로써 AI 협업 창작의 실제적인 측면을 드러내고자 노력했다. 나아가, 일부 전시장에서는 관객이 직접 간단한 프롬프트를 입력하여 AI가 실시간으로 이미지를 생성하는 인터랙티브 설치를 통해 관객을 능동적인 참여자로 이끌기도 한다. 이러한 소통 방식은 AI 예술에 대한 대중의 이해를 높이고, 기술과 예술의 만남이 가져올 새로운 가능성에 대한 사회적 관심을 환기하는 데 기여한다.

궁극적으로 AI와의 협업을 통한 창작 실험과 그 기술적 구현의 과정은 예술가에게 AI를 단순한 도구가 아니라 창의적 파트너로서 인식하고, 인간과 기계가 함께 만들어갈 새로운 예술의 가능성을 탐색하며, 그 과정에서 예술가 자신의 역할과 정체성을 끊임없이 성찰하고 확장해 나갈 것을 요구한다. AI는 방대한 데이터를 학습하여 인간이 미처 생각지 못한 패턴이나 아이디어를 제시할 수 있지만, 그것을 예술적으로 의미 있는 형태로 선택하고 재해석하며 최종적인 작품으로 완성하는 것은 여전히 인간 예술가의 고유한 창의성과 비판적 안목에 달려 있다. 중요한 것은 기술의 발전에 발맞춰 새로운 표현 방식을 실험하는 동시에, 그 과정에서 "인간 예술가로서 나는 무엇을 이야기하고 싶은가?"라는 본질적인 질문을 놓치지 않는 것이다. 시행착오를 두려워하지 않고 AI와의 적극적인 대화와 실험을 통해 자신만의 창작 언어를 구축해나가는 과정 속에서, 예술가는 기술과 인간의 창의성이 아름답게 공존하는 새로운 예술의 지평을 열어갈 수 있을 것이다.

참고문헌

조병철·방준성(2024). 생성형 인공지능을 활용한 문화예술의 창작과 창의성 평가에 관한 연구. 《방송공학회논문지》, 29(5). 596~605쪽.

조준형(2016.3.22). 소설 창작까지 도전한 인공지능…日 문학상 1차 심사 통과. 연합뉴스. https://www.yna.co.kr/view/AKR20160321199800073

Davies, C.(2022.4.4). 'Mind-blowing': Ai-Da becomes first robot to paint like an artist. *The Guardian*. https://www.theguardian.com/technology/2022/apr/04/mind-blowing-ai-da-becomes-first-robot-to-paint-like-an-artist

Hu, K.(2023.2.2). ChatGPT sets record for fastest-growing user base - analyst note. Reuters. https://www.reuters.com/technology/chatgpt-sets-record-fastest-growing-user-base-analyst-note-2023-02-01/

Kuo, M., & Antonelli, P.(2022). Refik Anadol: Unsupervised.

Museum of Modern Art.
https://www.moma.org/calendar/exhibitions/5535
NPR(2022.9.30). DALL-E is now available to all. NPR put it to work.
https://www.npr.org/2022/09/30/1125976146/dall-e-art-ai-generator-npr

10
AI와 인간의 지속적 공진화

AI와 인간 예술가의 관계는 앞으로 어떻게 진화할 것인가? 기술 발전과 예술적 상상력이 상호 영향을 주고받는 공진화(co-evolution)의 여정을 전망한다. 미래의 예술은 인간 중심주의를 넘어 다양한 지능과 감성이 공존하는 생태계로 확장될 가능성이 있다. 이러한 변화 속에서 예술의 본질적 가치와 의미를 재발견하는 과정이 우리 앞에 펼쳐지고 있다.

종교와 AI?

인간과 AI의 공진화

AI는 더 이상 수동적 도구에 머물지 않고 창작 과정의 협업 파트너로 부상하고 있다. 인간과 AI의 공진화란 둘이 상호작용하며 함께 진화하는 과정을 뜻한다. 생물학에서 유래한 이 개념은 창작의 영역에도 적용되어, 예술가와 AI 알고리즘이 끊임없는 상호 피드백을 통해 새로운 창의성의 지평을 열어 가는 것을 가리킨다. 실제로 생성형 AI 모델들은 방대한 예술 데이터를 학습해 창작에 활용되고, 이러한 AI의 산출물은 다시 예술가에게 영감을 제공하거나 새로운 표현 수법으로 흡수되어 다음 세대 AI 개발에도 영향을 준다. 이처럼 AI와 인간은 예술적 상상력의 생태계에서 밀접히 얽혀 공진화하고 있다.

AI와의 협업을 통해 예술가는 자신의 한계를 넘어서 창의적 시너지를 경험하기도 하지만 AI가 인간을 대체하기보다 인간의 창의성을 증진하도록 개발 · 사용되어야 한다(Anantrasirichai & Bull, 2022). 이처럼 증강 지능(augmented intelligence)의 관점에서, AI와 인간의 협업은 단순한 보조를 넘어 공동 창작의 단계로 나아가고 있다.

AI와 인간의 공동 창작(co-creativity)에 대한 학술적 논의도 활발하다. 콜튼과 위긴스는 컴퓨터가 창의적 행위를 수행하고 인간과 함께 새로운 가치를 창출할 가능성을 모색하며 인간-AI 공동 창작의 개념을 제시한 바 있다(Colton & Wiggins, 2012). 이후 생성형 AI의 발전으로 이러한 공동 창작은 현실이 되었고, 최근 연구들은 인간과 AI의 협업이 인간의 창작 능력을 한층 강화할 수 있다는 점을 실험과 사례를 통해 보여 준다. 물론 창작의 주체성과 역할에 대한 새로운 논쟁도 등장했다. 예술 창작에서 AI를 동등한 창작 주체로 볼 수 있는지, 혹은 창작 도구로 한정해야 하는지 의견이 분분하다. 예를 들어 공연예술 분야에서 인간 무용가와 AI 안무가가 함께 작품을 만든 사례들이 등장하면서, AI가 인간과 동등한 예술적 공동 창작자가 될 수 있는가에 대한 담론이 진행 중이다(김영윤 · 조준희, 2024). 아직까지 창작의 의도와 책임 면에서 인간의 통제가 주된 상황이지만, 공진화의 관점에서 보면 AI의 창의적 기여는 갈수록 커지고 있으며 인간 창작자는 이러한 새로운 창작 파트너와 상호 보완적으로 진화해 나가고 있다.

한편, AI와 인간의 공진화 과정에서 창작 문화에 대한 인식도 변모하고 있다. 일부에서는 AI가 만들어 낸 산출물을 진정한 예술로 볼 수 없다며 회의적인 반응을 보였지만, 다른 한편에서는 이러한 사건이 예술의 종말을 의

미하기보다는 창작 과정의 변혁을 보여주는 것이라고 평가했다(Ivanova, 2025). 실제로 AI의 등장으로 예술계는 창작의 정의와 범위를 재검토하게 되었고, 인간 예술가들은 AI와 경쟁하기보다 이를 새로운 예술적 도구이자 파트너로 수용하는 방향으로 나아가고 있다. 이는 공진화의 관점에서 인간과 AI 모두에게 이로운 창작 생태계의 진화를 모색하는 움직임으로 해석된다.

장르 경계의 해체와 융합

AI와의 협업은 예술 장르 간 경계를 흐리게 하고 새로운 융합을 촉진하고 있다. 과거에는 미술, 음악, 문학, 무용 등 예술 장르가 매체와 표현 기법의 차이에 따라 구분되었지만, 생성형 AI는 텍스트, 이미지, 소리 등 다양한 형태의 데이터를 넘나들며 창작에 활용될 수 있다. 그 결과 하나의 AI 시스템이나 프로젝트에서 복합적인 예술 형식이 출현하는 현상이 두드러진다. 예를 들어 텍스트-투-이미지 모델의 발전으로 시나 문학적 서사가 회화나 시각예술 작품으로 바로 구현될 수 있게 되었고, 음악 생성 AI의 발전으로 미술 작품의 시각적 분위기를 음악으로 표현하거나 반대로 음악에서 영감을 얻어 영상을 만드는 등 교차 매체 창작이 용이해졌다. 이러한 기술 환경에서는 한 예술가가 AI를 활용해 그림과 음악을 동시에 창작하거나, 무용 공연에 실시간 생성 영상을 접목하는 등 멀티모달 예술이 자연스러운 흐름으로 자리 잡고 있다.

AI가 가진 범용적 창작 능력은 기존 예술 장르의 경계를 재검토하게 만든다. 알고리즘은 학습 데이터에 따라 회화풍 이미지부터 시, 소설, 디자인, 심지어 안무 동작까지 다양한 콘텐츠를 생성할 수 있다. 그 결과 예술 창작에서 "이것은 미술이고 저것은 음악"처럼 장르를 엄격히 구분짓기보다, 융합형 작품으로서 받아들이는 경향이 늘고 있다. 실제 사례로, 국내 최초의 AI 안무가와 인간 무용수가 협업한 현대무용 《비욘드 블랙》 공연은 무용과 기술의 경계를 넘어선 작품으로 평가받았다. 또한 미디어아트 분야에서는 데이터 시각화, 인터랙티브 아트등 과학기술과 예술이 만나는 새로운 장르가 속속 등장하고 있다. 레픽 아나돌(Refik Anadol)과 마리오 클링게만(Mario Klingemann) 같은 선도적 미디어아티스트들의 작업은 건축, 그래픽, 음악적 요소를 한데 융합함으로써 AI 시대 예술의 초장르적 특성을 잘 보여 준다. 예컨대 클링게만이 선보인 《나의 인공적인 뮤즈》 프로젝트는 인공지능으로 만든 뮤즈가 인간 예술가에게 영감을 제공하는 독특한 경험을 제안하며, 인간과 기계의 경계 너머 새로운 창작 가능성을 시사했다.

이러한 장르 경계의 해체는 예술 창작의 패러다임 전환과 맞물려 있다. AI와 협업하게 된 예술가는 특정 장르의 전통적인 기술과 문법에만 의존하지 않고, 융합적 사고로 작품을 구상하게 된다. AI는 예술의 표현 매체를 확장했을 뿐 아니라, 서로 다른 예술 영역을 가교로 연결해 융합 예술의 토양을 비옥하게 만들고 있다.

그러나 장르 융합의 한편에서는 표현의 획일화에 대한 우려도 제기된다. 많은 창작자가 공통된 AI 도구와 데이터셋을 사용하게 되면서, 작품들이 양식적으로 비슷해지거나 창의적 다양성이 감소할 수 있기 때문이다. 실제 연구에 따르면 생성형 AI 활용이 창작의 효율성은 높이지만 평가 기준의 다양성은 오히려 축소될 가능성이 지적되었다(조병철 · 방준성, 2024). 이는 AI가 학습된 평균적인 스타일이나 선호를 반복적으로 재현할 위험성과 관련된다. 따라서 예술가들은 AI와 협업하면서도 독창적 개성을 유지하기 위한 노력을 기울이고 있다. 예를 들어, 훈련 데이터셋을 선정할 때 편향성을 경계하고 다양한 문화권의 자료를 반영하거나, 생성 결과를 인간 창의성으로 재해석하여 개성적인 최종 작품으로 발전시키는 전략이 사용된다. 장르의 경계가 허물어지고 융합이 가속화되는 시대일수록, 다양성과 창의적 개별성을 지키려는 의식적인 노력이 지속 가능한 창작을 위해 중요하다.

지속 가능한 협업 생태계

인간과 AI의 예술적 공진화가 건강하게 지속되기 위해서는 윤리적 · 제도적 기반 위에서 협업 생태계를 구축하는 일이 필수적이다. 창작물의 가치 평가는 인간과 AI 모두의 기여도를 정량 · 정성 혼합 모델로 산정하는 새 품질 지표가 마련되어야 한다. 이런 제도 · 기술 · 교육적 기반이 구축될 때, 인간과 AI는 상호 보완적 파트너로서 예술의 새로운 가능성을 지속적으로 확장해 나갈 것이다.

생성형 AI와 인간의 협업을 통한 창작 실험과 그 구현 사례들은 예술의 지평을 크게 넓혀 주고 있다. 예술가들은 AI를 창의적 파트너로 삼아 이전에는 불가능했던 이미지를, 그리고 이야기를 만들어 내고 있으며, 관객들은 이러한 새로운 형태의 예술을 통해 색다른 미적 경험을 하고 있다. 중요한 것은 기술이 발달해도 예술적 통찰과 감성은 여전히 인간의 몫이라는 점이다. AI는 방대한 데이터로부터 패턴과 결과물을 제시할 뿐이지만, 어떤 아이디어를 구현할지 선택하고 해석하는 것은 인간 예술가의 역할이다. 결국 생성형 AI와 인간의 협업은 예술 창작의 과정을 더욱 풍부하게 만들며, AI 시대에 예술이 나아갈 방향을 제시하고 있다. 향후 AI 기술이 고도화됨에 따라 예술 창작의 방식은 더욱 다변화될 것으로 전망된다. 생성형 AI 모델이 발전할수록 예술가들은 새로운 파트너와 함께 한층 실험적인 작품에 도전할 수 있게 되고, 이러한 시도들은 다시 AI 기술 개발에도 영감을 주어 기술과 예술의 상호 발전을 촉진할 것이다.

인간과 AI가 경쟁이 아닌 공존과 협력의 관계를 맺을 때, 창작의 영역은 훨씬 풍부해지고 지속 가능한 발전을 이룰 수 있을 것이다. 윤리적 원칙을 준수하고 제도적 뒷받침을 갖춘 협업 생태계 안에서, AI와 인간은 서로의 강점을 활용하며 끝없이 공진화해 나갈 것이다.

참고문헌

김영윤·조준희(2024). 인간-AI 공동창작 공연예술 특성 연구: 국내 AI 공연예술 작품을 중심으로. 《지식과 교양》, 14, 397~424쪽.

서은선(2024). 인공지능과 인간의 협업으로 탄생한 새로운 예술의 지평 - OpenAI와 알렉산더 레벤의 협업을 중심으로.

《기초조형학연구》, 25(5), 259~273쪽.

조병철·방준성(2024). 생성형 인공지능을 활용한 문화예술의 창작과 창의성 평가에 관한 연구. 《방송공학회논문지》, 29(5). 596~605쪽.

Anantrasirichai, N., & Bull, D. R.(2022). Artificial Intelligence in the Creative Industries: A Review. *Artificial Intelligence Review, 55*(2). pp. 589~656.

Colton, S., & Wiggins, G. A.(2012). Computational Creativity: The Final Frontier?. In *Proceedings of the 21st European Conference on Artificial Intelligence*. pp. 21~26. IOS Press.

Ivanova, M.(2025). AI, Art and Morality. *AI and Ethics, 5*(2), pp. 525~534.

서은선

인공지능 기반 디자인 회사 Philoart 대표다. 학사와 석사에서 순수예술과 디자인을 전공하고, 박사에서 디자인&아트테크놀로지를 전공했다. 삼성과 코오롱에서 마케팅 및 기획 업무를 수행했고, 현재는 인공지능을 예술적 재료로 활용해 인간의 감성과 기계의 생성 능력을 결합하는 창작 활동을 진행하고 있다. 또한 관련 강의·기획·마케팅 업무를 병행하며 디지털 예술의 새로운 가능성을 모색하고 있다. 주요 논문으로는 "AI 예술의 예술적 가치 연구: 보리스 엘닥슨의 AI 생성 작품 중심으로"(2023), "인공지능과 인간의 협업으로 탄생한 새로운 예술의 지평 - OpenAI와 알렉산더 레벤의 협업을 중심으로"(2024) 등이 있다.